Joe Navarro

Sehen, was andere denken

Joe Navarro

Sehen, was andere denken

DER PRAKTISCHE GUIDE MIT DEM SIE JEDEN DURCHSCHAUEN

mvgverlag

Bibliografische Information der Deutschen Nationalbibliothek
Die Deutsche Nationalbibliothek verzeichnet diese Publikation in der Deutschen Nationalbibliografie. Detaillierte bibliografische Daten sind im Internet über https://dnb.de abrufbar.

Für Fragen und Anregungen
info@m-vg.de

15. Auflage 2025

Türkenstraße 89
80799 München
Tel.: 089 651285-0

Übersetzung: Birgit Walter
Redaktion: Diane Zilliges
Umschlaggestaltung: Maria Wittek
Umschlagabbildung: iStockphoto
Abbildungen Innenteil: shutterstock.com/Anna Rassadnikova, shutterstock.com/Arcady, shutterstock.com/bsd, shutterstock.com/freelanceartist, shutterstock.com/makar, shutterstock.com/Moschiorini, shutterstock.com/M-vector
Satz: Carsten Klein, Torgau
Druck: ScandBook, Litauen
Printed in the EU

ISBN Print 978-3-86882-942-6
ISBN E-Book (EPUB, Mobi) 978-3-96121-231-6

Dieses Buch ist der Liebe meines Lebens gewidmet –
meiner besten Freundin und wichtigsten Lektorin
aller meiner Projekte: meiner Ehefrau Thryth Hillary Navarro.

»Wenn den Menschen die Sprache gegeben wurde, um ihre Gedanken zu verbergen, dann war Zweck der Gesten, diese zu offenbaren.«

John Napier

INHALT

EINLEITUNG

1971, als ich 17 Jahre alt war, begann ich, mir Notizen über menschliche Verhaltensweisen zu machen. Wodurch dieses Interesse motiviert war, kann ich bis heute nicht sagen. Ich sammelte und beschrieb verschiedenste nonverbale Signale – Signale, die Menschen über ihre Körpersprache aussenden. Anfangs waren es die augenfälligen Merkwürdigkeiten, die meine Neugierde weckten: Warum rollen Menschen die Augen, wenn sie einer Äußerung keinen Glauben schenken? Warum legen sie eine Hand in den Nacken, wenn sie eine schlechte Nachricht erhalten haben? Später wurden meine Beobachtungen nuancierter: Warum spielen Frauen mit ihren Haaren, während sie telefonieren, und warum heben sie zum Gruß die Augenbrauen? Diese kleinen Gesten und ihre Vielfalt faszinierten mich. Warum bedienen sich Menschen dieser Signale? Welchen Zweck erfüllen die jeweiligen Verhaltensweisen?

Zugegeben, ein seltsames Hobby für einen Teenager. Das ließen mich auch meine Freunde wissen, die lieber Sammelbilder von Baseballspielern tauschten und stets genau wussten, wer in der laufenden Saison die Statistik als bester Batter anführte und welcher Kicker im American Football die meisten Points after

Touchdown erzielt hatte. Ich hingegen hatte Spaß daran, mich mit den Feinheiten menschlichen Verhaltens zu beschäftigen.

Anfangs notierte ich meine Beobachtungen rein zum privaten Gebrauch auf Karteikarten. Zu jener Zeit waren mir die Arbeiten der Koryphäen auf dem Gebiet der Erforschung von Körpersprache und nonverbaler Kommunikation noch nicht vertraut: Charles Darwin, Bronisław Malinowski, Edward T. Hall, Desmond Morris und mein späterer Freund Dr. David Givens. Mir war lediglich daran gelegen, die Beobachtungen festzuhalten, die ich aufgrund meines Interesses für menschliche Verhaltensweisen und deren Hintergründe machte. Nie hätte ich gedacht, dass ich meine Kartei 40 Jahre später immer noch führen würde.

Im Laufe der Jahre wuchs mein Karteikartensystem auf mehrere Tausend Einträge an. Zu Beginn meiner Sammeltätigkeit ahnte ich selbstverständlich nicht, dass ich später Special Agent des FBI werden und meine Beobachtungen 25 Jahre lang bei der Verfolgung von Straftätern, Spionen und Terroristen nutzen würde. Vermutlich aber war meine Berufswahl eine logische Konsequenz meines Interesses an der Vielfalt nonverbaler Signale und deren Interpretation.

Ich kam als Flüchtling aus dem kommunistischen Kuba in die USA. Ich war damals sieben Jahre alt und sprach kein Englisch. Da ich gezwungen war, mich schnell an die neue Umgebung anzupassen, blieb mir nichts anderes übrig, als mich durch Beobachten zu orientieren. Die für Muttersprachler selbstverständliche Form der Kommunikation war mir nicht zugänglich. Also stützte ich mich auf die Signale, die zu entziffern mir möglich war: auf die Körpersprache. Ich lernte, die Implikation einer Äußerung zu entschlüsseln, indem ich auf die Körperhaltung, den Blick und die angespannten oder lockeren Gesichtszüge meines

Gesprächspartners achtete. Dadurch fand ich heraus, wer mich mochte und wem ich egal war, und ich begriff, wenn jemand böse auf mich war. Ich überlebte in dem für mich fremden Land durch Beobachten. Es war die einzige Möglichkeit.

Natürlich gab es in den USA Aspekte der nonverbalen Kommunikation, die sich von denen in meinem Heimatland unterschieden. In den USA besaßen mündliche Äußerungen eine andere Intonation und Dynamik. In Kuba berührten sich die Menschen oft und standen bei Unterhaltungen nah beieinander. Amerikaner wahrten eine größere Distanz und Berührungen konnten einen kritischen Blick oder Schlimmeres nach sich ziehen.

Meine Eltern hatten keine Zeit, mir diese Dinge zu erklären, da beide jeweils drei Jobs hatten. Ich musste mir alles selbst beibringen. Ich lernte, wie sich kulturelle Unterschiede in der nonverbalen Kommunikation ausprägen. Diesen Sachverhalt hätte ich damals freilich nicht in Worte fassen können, es war mir aber sehr wohl bewusst, dass sich das Verhalten der Menschen in den USA in einigen Aspekten von der mir bekannten Körpersprache unterschied und dass es für mich von essenzieller Bedeutung war, diese Zeichen zu begreifen. Ich entwickelte meine eigene Form der wissenschaftlichen Analyse, indem ich die Rolle eines unvoreingenommenen Beobachters einnahm und die körperlichen Signale, die ich bemerkte, nicht nur ein- oder zweimal, sondern mehrmals überprüfte, bevor ich sie in mein Karteisystem aufnahm. Mit der wachsenden Zahl der Karteikarten kristallisierten sich Muster heraus. Vor allem wurde erkennbar, dass sich die meisten Verhaltensweisen als Ausdruck von Wohlbefinden oder Unbehagen klassifizieren ließen. Unser Körper spiegelt Unbehagen in Echtzeit wider.

Ich lernte später, dass viele der den seelischen Zustand anzeigenden Signale (oder genauer: Verhaltensweisen) vom limbischen System ausgehen – dem bei allen Säugetieren vorhandenen Funktionsbereich des Gehirns, der für die Steuerung und Verarbeitung von Emotionen zuständig ist. Diese unwillkürlichen Reaktionen hatte ich in Kuba gesehen und entdeckte sie nun auch in den USA: Menschen hoben zum Gruß die Augenbrauen, wenn sie – ob im Schulgebäude oder durch das Schaufenster eines Tante-Emma-Ladens – jemanden sahen, den sie wirklich mochten. Solchen universellen Verhaltensweisen schenkte ich zunehmend Vertrauen. Sie schienen mir authentisch und zuverlässig. Auf der anderen Seite brachte ich verbalen Äußerungen große Skepsis entgegen. Nachdem ich die englische Sprache erlernt hatte, hatte ich Menschen nämlich allzu oft sagen hören, wie gut ihnen etwas gefiel, obwohl ihr Gesichtsausdruck Sekunden vorher das Gegenteil verraten hatte.

Folglich sammelte ich bereits in jungen Jahren Erfahrungen mit Unehrlichkeit. Menschen lügen oft, ihre Körpersprache verrät jedoch ihren wahren Gefühlszustand. Kinder sind bekanntlich schlechte Lügner: Werden sie darauf angesprochen, etwas Unrechtes getan zu haben, kommt es vor, dass sie ihre Missetat durch Nicken eingestehen und gleichzeitig verbal leugnen. Mit zunehmendem Alter werden sie versierter darin, die Unwahrheit zu sagen. Der geübte Beobachter nimmt dennoch wahr, dass etwas nicht stimmt – dass das Thema heikel ist, dass der Sprecher Informationen zurückhält oder nicht hinter seiner Äußerung steht. Viele der Signale beziehungsweise Verhaltensweisen, die diesen Zustand verraten, sind in diesem Buch aufgeführt.

Je älter ich wurde, umso mehr orientierte ich mich an der Körpersprache. In der Schule, beim Sport und sogar beim Spielen mit meinen Freunden – in jedem Umfeld stützte ich mich auf nonverbale Signale. Als ich an der Brigham Young University meinen Abschluss machte, umspannten die auf meinen Karteikarten notierten Beobachtungen bereits einen Zeitraum von über zehn Jahren. Anders als zuvor in Miami begegnete ich an der Universität vielen Menschen aus fremden Kulturkreisen – unter anderem Osteuropäern, Afrikanern, Chinesen, Vietnamesen, Japanern, Angehörigen der indigenen Bevölkerungsgruppen der USA sowie Menschen, deren Familien auf den pazifischen Inseln beheimatet waren. So konnte ich mein Observationsfeld erweitern.

Während meines Studiums wurden mir auch die wissenschaftlichen Erkenntnisse offenbar, die zu den von mir beobachteten Verhaltensweisen existierten. Um nur ein Beispiel zu nennen: Als ich 1974 beobachtete, wie Kinder, die von Geburt an blind waren, miteinander spielten, verschlug es mir den Atem. Obwohl sie noch nie ein anderes Kind gesehen hatten, zeigten sie Verhaltensweisen, von denen ich angenommen hatte, dass sie durch visuelles Lernen erworben wurden. Sie bekundeten durch einen hüpfenden Gang Begeisterung oder formten selbstbewusst mit ihren Händen ein Dach, indem sie die Kuppen ihrer Finger aneinanderlegten. Die Tatsache, dass sie diese Bewegungen und Gesten zeigten, obwohl sie sie niemals beobachtet hatten, bedeutet – wie ich jetzt lernte –, dass diese Verhaltensweisen fest in der menschlichen DNA verankert sind. Sie sind Teil der archaischen Makrostruktur des Gehirns, die dem Menschen seit Urzeiten das Überleben sichert und die Kommunikation ermöglicht. Somit sind sie universell. In diesem Buch werde ich auf viele Dinge, die uns selbstverständlich sind, ein neues Licht werfen.

Gegen Ende meines Studiums an der Brigham Young University erhielt ich einen Anruf, in dem mir nahegelegt wurde, mich beim FBI zu bewerben. Ich hielt diese Aufforderung für einen Scherz, doch am nächsten Tag klopften zwei Männer in Anzügen an meine Tür und händigten mir ein Bewerbungsformular aus. Damit nahm mein Leben eine entscheidende Wendung. Zu jener Zeit war es durchaus üblich, dass sich das FBI an amerikanischen Universitäten nach vielversprechenden Talenten umsah. Wer mich empfahl und warum ich vorgeschlagen wurde, ist mir bis heute nicht bekannt. In jedem Fall aber löste das Angebot, für die renommierteste Strafverfolgungsbehörde der Welt tätig zu werden, bei mir riesige Begeisterung aus.

Als zweitjüngster Anwärter, der je vom FBI angeworben worden war, tauchte ich im Alter von 23 Jahren erneut in eine mir unbekannte Welt ein. In vielerlei Hinsicht fühlte ich mich auf meine Tätigkeit als Agent nicht vorbereitet, doch es gab ein Gebiet, das ich beherrschte: nonverbale Kommunikation. Dies war der einzige Fachbereich, in dem ich mich sicher fühlte. Die Arbeit des FBI besteht zum größten Teil darin, Beobachtungen anzustellen. Sie umfasst selbstverständlich auch die Untersuchung von Tatorten und das Festnehmen von Verbrechern, die meiste Zeit verbringen Agenten jedoch damit, Zeugen zu befragen, Verdächtige zu observieren und Verhöre durchzuführen. Für diese Aufgaben sah ich mich gewappnet.

Ich arbeitete 25 Jahre lang beim FBI. Die letzten 13 Jahre meiner Karriere gehörte ich dem National Security Behavioral Analysis Program (NS-BAP) an. In dieser Eliteeinheit der Abteilung für Nationale Sicherheit, die in Fällen höchster nationaler Bedrohung ermittelte, konnte ich meine Fähigkeiten bei der Decodierung nonverbaler Signale voll entfalten. Die Abteilung, die aus nur sechs Mitarbeitern bestand, die aus 12 000 Special Agents des FBI ausgewählt worden waren, hatte die Aufgabe, das Unmögliche möglich zu machen: Spione, Maulwürfe und Mitarbeiter feindlicher Geheimdienste zu entlarven, die unter dem Schutzmantel der diplomatischen Immunität Angriffe auf die nationale Sicherheit der USA planten.

Bei meinen Einsätzen vertiefte ich meine Kenntnisse der nonverbalen Kommunikation. Die von mir getätigten Beobachtungen in einem wissenschaftlichen Experiment an einer Universität zu wiederholen, wäre nicht möglich gewesen. Bei der Lektüre von Fachartikeln über Unehrlichkeit entlarvende Körpersprache war für mich stets offensichtlich, dass die jeweiligen Autoren noch nie eine Befragung eines Psychopathen, eines Terroristen, eines hochrangigen Mitglieds der Mafia oder eines Mitarbeiters des sowjetischen Geheimdienstes durchgeführt hatten. Die von ihnen in Versuchen mit ihren Studenten gewonnenen Ergebnisse waren vermutlich innerhalb des universitären Kontexts tragfähig. Mit dem wahren Leben hatten sie wenig zu tun. Die Beobachtungen, die ich in der Praxis machte, ließen sich nicht unter experimentellen Bedingungen bewerkstelligen, und kein Wissenschaftler reichte mit seinen Recherchen an mein Forschungsmaterial – fast 13 000 Befragungen, die ich im Laufe meines Berufslebens durchführte, und Tausende Stunden Filmmaterial von Überwachungskameras, die ich analysierte – sowie an die Beschreibungen der von mir registrierten Verhaltensweisen heran. Die 25 Jahre, die ich beim FBI arbeitete, waren mein Masterstudiengang. Und indem ich mehrere Spione durch die Analyse ihrer Körpersprache überführte, erwarb ich meinen Doktorgrad.

Nach meinem Abschied vom FBI war es mein Anliegen, andere an meinem Wissen über die Körpersprache teilhaben zu lassen. Das 2008 veröffentlichte Buch *What Every BODY Is Saying* entsprang diesem Wunsch. In diesem Buch, in dem die Konzepte »Wohlbefinden« und »Unbehagen« im Vordergrund stehen, zeigte ich auf, dass Adaptoren wie das Berühren des eigenen Gesichts oder das Streichen durchs Haar – Beruhigungsgesten, die wir einsetzen, um in alltäglichen Situationen Stress abzubauen – allgegenwärtig sind. Meine Erläuterung des Ursprungs dieser universellen Verhaltensweisen habe ich auf wissenschaftliche Erkenntnisse aus den Bereichen der Psychologie und der Evolutionsbiologie sowie den jeweiligen kulturellen Kontext gestützt.

What Every BODY Is Saying wurde zum internationalen Bestseller. Das Buch wurde in Dutzende Sprachen übersetzt – auf Deutsch ist es unter dem Titel *Menschen lesen. Ein FBI-Agent erklärt, wie man Körpersprache entschlüsselt* erschienen. Weltweit wurden mehr als eine Million Exemplare verkauft. Bei den Vorträgen, die ich nach der Veröffentlichung des Buches hielt, hörte ich immer wieder, dass sich die Leser weiteres Material in leichter zugänglicher Form wünschten. Es bestand großes Interesse an einer Art Bedienungshandbuch – einer praktischen Anleitung, mit deren Hilfe man im Alltag beobachtete Verhaltensweisen rasch entschlüsseln kann.

Mit *Sehen, was andere denken* liegt dieses Handbuch nun vor. Es enthält – nach Körperregionen von Kopf bis Fuß geordnet – über 400 der wichtigsten nonverbalen Signale, die ich während meiner beruflichen Laufbahn beobachtet habe. Ich hoffe, die Lektüre dieses Buches wird Ihnen all die Erkenntnisse über Körpersprache vermitteln, auf die meine Kollegen und ich zurückgegriffen haben. Als FBI-Agenten haben wir unsere Fähigkeiten zur Decodierung nonverbaler Signale natürlich bei der Befragung von Tatverdächtigen eingesetzt. Sie aber können Ihre neu erworbenen Kenntnisse in derselben Weise nutzen, wie ich es seit meiner Ankunft in den USA getan habe: um die Menschen, mit denen Sie am Arbeitsplatz und in der Freizeit zu tun haben, besser zu verstehen. In sozialen Beziehungen ist die Analyse unserer primären Kommunikationsform – der nonverbalen Signale – meiner Ansicht nach der beste Weg, um die Beweggründe und Gefühlszustände unseres Gegenübers zu begreifen.

Mit diesem Buch hoffe ich die Neugier all jener zu befriedigen, die sich für die Hintergründe menschlicher Verhaltensweisen und die Bedeutung bestimmter Gesten interessieren.

Ahmen Sie bei der Lektüre die beschriebenen Verhaltensweisen nach, um ein Gespür dafür zu bekommen, wie diese nach außen wirken und wie sie sich anfühlen. Durch das Nachahmen prägen sich die Gesten besser ein und Sie erkennen sie leichter wieder, wenn ein anderer Mensch sie zeigt. Wenn Sie wie ich Spaß daran haben, Leute zu beobachten, wenn Sie gern in der Lage wären, die Gedanken, Gefühle, Wünsche, Ängste und Absichten Ihrer Arbeitskollegen, Freunde oder Schulkameraden zu durchschauen, wird Ihnen dieses Buch Freude bereiten.

DER KOPF

Das menschliche Verhalten wird natürlich vom Gehirn gesteuert. Ob auf bewusster oder unbewusster Ebene – unser Gehirn ist ständig aktiv. Die von ihm ausgesendeten Signale kontrollieren den Herzschlag, die Atmung, die Verdauung und viele weitere Körperfunktionen. Große Bedeutung kommt aber auch der Stirn, den Haaren, den Augen, der Nase, den Ohren und dem Kinn zu, die auf unterschiedliche Weise kommunikative Signale aussenden und Auskunft über unsere Verfassung geben – von unserem allgemeinen Gesundheitszustand bis hin zu Kummer und Stress. Widmen wir uns also zunächst dem Teil des Körpers, auf den wir als Eltern, Freunde, Arbeitskollegen oder Lebenspartner unser ganzes Leben lang zuerst unsere Aufmerksamkeit richten, um herauszufinden, was in unserem Gegenüber vor sich geht.

1. **Kopfbedeckung** – Kleidungs- und Schmuckstücke zur Bedeckung des Kopfes werden in allen Kulturen der Welt verwendet. Sie erfüllen verschiedenste Funktionen. Sie sind Kennzeichen einer Führungsposition (Federschmuck der indigenen Völker der USA), eines Berufs (Kochmüt-

ze, Feuerwehrhelm), des sozialen Status (Melone, Pillbox-Hut) oder der Religionszugehörigkeit (Pileolus der katholischen Geistlichen, Kippa der Juden). Sie verweisen auf bestimmte Hobbys (Fahrrad- oder Kletterhelm) oder die Verbundenheit mit einer Gruppierung (Lieblingssportverein, Studentenverbindung). Die Kopfbedeckung eines Menschen ist Indiz für seine Position innerhalb der Gesellschaft und seinen sozioökonomischen Status. Sie kann Hinweis darauf sein, wem er sich zugehörig fühlt, woran er glaubt, wie er sich selbst wahrnimmt oder in welchem Maße er sich gegen gesellschaftliche Konventionen stellt.

2. **Haar** – Das Kopfhaar ist im Bereich der nonverbalen Kommunikation von großer Bedeutung. Gepflegtes Haar ist allen Menschen wichtig, auch wenn dieses Bedürfnis oft nur im Unterbewusstsein vorhanden ist. Ungepflegtes, ungewaschenes oder zerzaustes Haar gilt oft als Zeichen schlechter Gesundheit und wird vor allem mit psychischen Erkrankungen assoziiert. Mit unserem Kopfhaar und unseren Frisuren senden wir die unterschiedlichsten Signale aus: Wir locken und verführen, wir zeigen uns angepasst oder irritieren und schockieren. Häufig liefert der Haarschnitt auch Hinweise auf den beruflichen Werdegang – der renommierte Anthropologe David Givens bezeichnet ihn als »inoffizielles Resümee«, das Auskunft gibt über den Rang, den die betreffende Person innerhalb eines Unternehmens bekleidet. In vielen Kulturen spielt die Haartracht bei der Partnersuche und in Liebesbeziehungen eine entscheidende Rolle. Die meisten Menschen folgen mit ihren Frisuren sowohl kulturellen Normen als auch aktuellen Trends. Wer sich gegen diese Konventionen stellt, grenzt sich von der Gesellschaft ab.

3. **Spielen mit den Haaren** – Das Spielen mit den Haaren zählt zu den Beruhigungsgesten. Vor allem Frauen streichen sich oft durch die Haare oder zwirbeln einzelne Strähnen mit den Fingern. Dieses Verhalten kann Ausdruck einer guten Stimmungslage sein, wenn es zum Beispiel beim Lesen eines Buches oder in einer Entspannungsphase auftritt. Es kann aber auch auf Stress hindeuten, wenn es beispielsweise während des Wartens auf ein Vorstellungsgespräch oder in einem Flugzeug, das durch Turbulenzen fliegt, zu beobachten ist. Das Spielen mit den Haaren ist vor allem dann als Beruhigungsgeste zu werten, wenn die Handfläche dabei nach innen, also zum Kopf hin, zeigt. (Die Variante mit der Handfläche nach außen wird im Folgenden erklärt.) Beruhigungsgesten helfen, innere Anspannung oder Stress abzubauen. Sie dienen aber auch dazu, Zeit zu überbrücken. Im Laufe des Lebens wird das Daumenlutschen, das Kleinkindern zur Beruhigung dient, durch andere Verhaltensweisen abgelöst: Manche Menschen beißen sich auf die Lippen, andere kauen an ihren Fingernägeln oder streichen sich über das Gesicht.

4. **Spielen mit den Haaren (Handfläche nach außen)** – Zeigt die Handfläche einer Frau nach außen, während sie mit ihren Haaren spielt, ist dies eher als Zeichen von Zufriedenheit und Selbstvertrauen denn als Beruhigungsgeste zu bewerten: Frauen bekunden mit diesem Verhalten, dass sie sich in der Gegenwart anderer wohlfühlen. Menschen präsentieren die Innenseiten ihrer Handgelenke meist nur in Situationen, in denen sie sich sicher und entspannt fühlen. Frauen zeigen das Spielen mit den Haaren mit nach außen gewandter Handfläche häufig beim Flirten. Damit signalisieren sie ihrem Gesprächspartner, dass sie Interesse an ihm haben.

5. **Mit den Fingern durchs Haar streichen (Männer)** – In Stresssituationen streichen sich Männer durchs Haar, um im wahrsten Sinne des Wortes einen kühlen Kopf zu bekommen: Durch die Bewegung gelangt Luft an die Kopfhaut. Gleichzeitig stimulieren sie durch den Druck ihrer Fingerkuppen die Nerven der Haut. Diese Geste kann auch Ausdruck von Besorgnis oder Zweifel sein.

6. **Das Haar nach oben werfen (Frauen)** – Frauen führen eine andere Handbewegung aus, um im Kopfbereich für Abkühlung zu sorgen und Stress abzubauen: Sie werfen das Haar im Nackenbereich nach oben, wenn sie beunruhigt, nervös oder aufgeregt sind. Das wiederholte Ausführen dieser Bewegung ist Zeichen für übermäßigen Stress. Auch wenn es sich beim Hochwerfen des Haares um eine äußerst wirkungsvolle Beruhigungsgeste handelt, lässt sich im Einzelfall nicht ausschließen, dass es allein durch den Wunsch nach Abkühlung bei Hitze oder nach körperlicher Anstrengung motiviert ist. Männer streichen sich, wie oben beschrieben, in vergleichbaren Situationen mit den Fingern durchs Haar.

7. **Das Haar zurückwerfen/durchs Haar streichen** – Diese Bewegung dient dazu, die Aufmerksamkeit eines potenziellen Partners zu erregen. Das Berühren des Haars mit der Hand – ein Zurückwerfen des Kopfhaars, ein Streichen durchs Haar oder ein leichtes Ziehen daran – wird gemeinhin als attraktiv angesehen (deshalb werden diese Gesten auch in der Mehrzahl der Werbespots für Haarpflegeprodukte gezeigt). Die Orientierungsreaktion des Menschen – der Reflex des Organismus, der unsere Aufmerksamkeit auf eine spezifische Reizquelle lenkt – ist für

mit den Händen ausgeführte Bewegungen besonders sensibel. Eine Tatsache, die sich Zauberer von jeher zunutze machen. Wir bemerken, dass jemand die Hand zu seinem Kopfhaar führt, selbst wenn wir am anderen Ende des Raumes stehen. Da die Orientierungsreaktion auf tief in unserem Unterbewusstsein ablaufenden Prozessen beruht, wurde sie durch Aufzeichnung der Augenbewegungen sogar bei Komapatienten nachgewiesen.

8. **Ausreißen der Haare** – Das zwanghafte Ausreißen von Kopf- und Körperhaaren wird als »Trichotillomanie« bezeichnet. Dieses Verhalten ist vor allem bei Kindern und Jugendlichen, aber auch bei Erwachsenen zu beobachten. Bei Männern konzentriert es sich meist auf den äußeren Rand der Augenbrauen, bei Frauen sind viele Bereiche der Körperbehaarung betroffen: Wimpern, Augenbrauen, Kopfhaar und Armbehaarung. Auch in der Tierwelt ist dieses Verhalten anzutreffen – unter Stress rupfen sich beispielsweise manche Vögel die Federn aus. Auch beim Menschen dient dieses Entfernen der Haare der Stresskompensation. Betroffene erleben die durch das wiederholte Ausreißen erfolgende Stimulation der Nervenenden als beruhigend. In schwerwiegenden Fällen ist die Behandlung durch einen Therapeuten erforderlich.

9. **Kopfnicken** – In Gesprächen signalisieren wir durch – üblicherweise rhythmisches – Nicken, dass wir zuhören und für das Gesagte empfänglich sind. Generell ist Kopfnicken ein Zeichen der Zustimmung, sofern man dabei nicht den Mund spitzt (siehe Nr. 154).

10. **Widersprüchliches Kopfnicken** – Dieses Verhalten legen vor allem Kleinkinder an den Tag. Werden sie von einem Elternteil beispielsweise gefragt: »Hast du die Lampe kaputt gemacht?«, kommt es vor, dass sie »Nein« sagen und gleichzeitig nicken. Durch ihr widersprüchliches Verhalten geben sie die Wahrheit preis. Ich habe dieses Verhalten bei Kindern und Teenagern, aber auch bei Erwachsenen beobachtet.

11. **Tätscheln des Hinterkopfes** – Wenn wir mit überraschenden Situationen konfrontiert werden oder uns in einem gedanklichen Konflikt befinden, tätscheln wir oft mit einer Hand unseren Hinterkopf oder streichen uns in einer Abwärtsbewegung durchs Haar, während wir nach einer Antwort oder einer passenden Reaktion suchen. Die Tastempfindung und die durch die Bewegung erzeugte Wärme wirken beruhigend. Das Tätscheln des Hinterkopfes dient, wie die meisten Bewegungen, bei denen wir mit der Hand einen anderen Körperteil berühren, dem Abbau von Stress und Nervosität.

12. **Kopfkratzen** – In von Unsicherheit, Frust, Stress oder Besorgnis geprägten Momenten kratzen sich Menschen oft zur Beruhigung am Kopf. Dieses Verhalten ist auch für Situationen typisch, in denen wir uns an Informationen zu erinnern versuchen oder perplex sind. Es wird häufig von Lehrern gezeigt, die beobachten, wie ihre Schüler eine Aufgabe zu lösen versuchen. Schnelles Kopfkratzen signalisiert häufig ein hohes Maß an Stress oder Beunruhigung. Es kann aber auch darauf hindeuten, dass sich die betreffende Person nicht schlüssig ist, was als Nächstes zu tun sei.

13. **Streicheln des Kopfes** – Wenn wir mit der Handfläche über unseren Kopf streichen, sorgen wir damit nicht immer nur für den richtigen Sitz unserer Frisur. Diese Bewegung dient uns auch zur Beruhigung, wenn wir uns in einer Zwickmühle befinden oder nach der passenden Antwort auf eine Frage suchen. Sie ist dem tröstenden Streicheln einer Mutter über den Kopf ihres Kindes nicht unähnlich. Diese Beruhigungsgeste zeitigt oft sofortige Wirkung. Vor allem das Streichen über den eigenen Hinterkopf deutet darauf hin, dass die betreffende Person Zweifel oder ein innerer Konflikt plagen.

14. **Kopfkratzen und Bauchreiben** – Wenn sich ein Mensch mit der einen Hand am Kopf kratzt und dabei gleichzeitig mit der anderen über seinen Bauch streicht, ist das Ausdruck von Zweifel oder Verwunderung. Dieses Verhalten kann aber auch Verunsicherung oder Ungläubigkeit signalisieren. Interessanterweise ist es auch bei Menschenaffen zu beobachten.

15. **Hände hinter dem Kopf verschränken, Ellenbogen nach oben** – Diese Haltung wird auch als »Kobra« bezeichnet: Ein Mensch, der seine Hände mit verschränkten Fingern an den Hinterkopf legt, während die Ellenbogen nach oben weisen, erinnert an eine Kobra, die ihre Nackenhaut spreizt. Er wirkt größer. Mit dieser dem Ausdrucksverhalten zuzuordnenden Geste wird die Beanspruchung eines Territoriums signalisiert. Menschen zeigen sie, wenn sie sich sicher und den anderen Personen im Raum überlegen fühlen. Die an den Hinterkopf gelegten Hände wirken beruhigend, die nach oben weisenden Ellenbogen zeigen Selbstvertrauen an. Kaum jemand

nimmt diese Körperhaltung ein, wenn ranghöhere Personen zugegen sind.

16. **Hände an die Wangen legen (Bestürzung)** – Entsetzen, Ungläubigkeit oder Betroffenheit veranlassen Menschen zuweilen dazu, die Hände in einer schnellen Bewegung an die Wangen zu legen, sodass die Finger beinahe die Ohren berühren und die Ellenbogen auf Brusthöhe nach vorn zeigen. Viele verharren einige Sekunden lang in dieser Position, während sie versuchen, das Geschehene einzuordnen. Diese dem Selbstschutz dienende Reaktion ist dem Menschen seit Urzeiten zu eigen. Sie tritt zum Beispiel nach einer groben Ungeschicklichkeit auf – bei einem Autofahrer, der seinen Wagen gegen einen Laternenmast gesteuert hat, oder bei einem Fußballer nach einem Eigentor.

17. **Hände auf dem Kopf verschränken** – Dieses Verhalten ist insofern bemerkenswert, als es einerseits dazu dient, mit den – üblicherweise nach unten zeigenden – Handflächen den Kopf zu bedecken, andererseits aber weisen die Ellenbogen in einer offenen Haltung nach außen. Menschen nehmen diese Körperhaltung ein, wenn sie sich angesichts einer schwierigen Situation überfordert oder mit den Folgen eines Unglücks konfrontiert sehen (zum Beispiel wenn ihr Hab und Gut durch einen Hurrikan vernichtet wurde). Beachtenswert ist die Position der Ellenbogen: Mit wachsendem Leidensdruck werden sie in einer äußerst angespannten Bewegung vor dem Gesicht zusammengeführt – als würden sie durch einen Schraubstock immer weiter aufeinander zubewegt. Auch die Intensität verändert sich: Je bedrohlicher die Situation erscheint, umso fester werden die Hände auf den Kopf gepresst.

Diese Körperhaltung unterscheidet sich deutlich vom Verschränken der Hände hinter dem Kopf (siehe Nr. 15), das einem Gefühl der Selbstsicherheit entspringt.

18. **Anheben der Kopfbedeckung (Abkühlung)** – Wenn Menschen plötzlich unter Stress geraten – beim Eintreffen einer schlechten Nachricht, während eines Streits oder nach einer Affekthandlung –, kommt es vor, dass sie rasch ihren Hut oder ihre Mütze anheben, um im Kopfbereich für Abkühlung zu sorgen. Im Hinblick auf die persönliche Sicherheit ist es wichtig, das Ablegen von Kleidungsstücken (Hut, Jacke) oder Accessoires (Sonnenbrille) in Situationen mit großem Konfliktpotenzial (zum Beispiel bei Verkehrsunfällen oder aggressivem Verhalten im Straßenverkehr) als Warnsignal zu lesen: Es geht häufig einer Schlägerei voraus.

DIE STIRN

Bereits in unserem ersten Lebensjahr richten wir unseren Blick auf die Stirn anderer Menschen, um wichtige Informationen abzulesen. Kinder reagieren schon im Alter von wenigen Monaten auf ein Stirnrunzeln ihrer Mutter und nehmen es als negatives Zeichen wahr. Der kleine Teil des menschlichen Gesichts, der von den Augenhöhlen bis zum Haaransatz reicht, gibt in Echtzeit Auskunft über unsere Gefühle. Die im Stirnbereich verlaufenden Muskeln erhalten ihre Bewegungssignale direkt aus dem Gehirn. Deshalb ist es uns möglich, durch unsere Mimik unsere Gefühle schnell, akkurat und deutlich zu kommunizieren.

19. Angespannte Stirn – Bei manchen Menschen äußert sich Stress in einem plötzlichen Anspannen der Muskeln im Stirnbereich. Laut dem Anthropologen Dr. Paul Ekman befinden sich im Gesicht des Menschen über 20 Muskelgruppen, mit denen sich mehr als 4000 verschiedene Gesichtsausdrücke erzeugen lassen. Sechs dieser Muskeln, darunter der *Musculus procerus*, der *Musculus temporalis* und der große *Musculus occipitofrontalis*, sind für das Runzeln und Anspannen der Stirn verantwortlich, die in Stresssituationen auftreten. Um zu erkennen, ob ein Mensch seine Stirnmuskeln anspannt, müssen wir vorher sein Gesicht in nicht belastenden Situationen studiert haben. Generell lässt sich diese »Abweichung vom Normalzustand« vor allem bei Personen beobachten, die unter Stress stehen. Sie ist untrügliches Anzeichen dafür, dass irgendetwas nicht in Ordnung ist.

20. **Stirnrunzeln** – Ein durch einen verbalen Reiz ausgelöstes Stirnrunzeln ist meist Hinweis auf ein im Hintergrund schwelendes Problem oder Zeichen der Unsicherheit der betreffenden Person. Generell wird Stirnrunzeln mit Zweifel, Anspannung, Angst und Besorgnis assoziiert. Es ist auch bei Menschen zu beobachten, die sich auf eine Aufgabe konzentrieren oder versuchen, eine Information gedanklich einzuordnen. Die Tatsache, dass sich heutzutage viele Menschen aus kosmetischen Gründen mit Botox-Behandlungen die Stirnfalten glätten lassen, führt dazu, dass sich Gefühle nicht mehr so leicht über den Gesichtsausdruck kommunizieren lassen.

21. **Geglättete Stirnfalten (und ihre Probleme)** – Männer wie Frauen nutzen heutzutage die Möglichkeit, Falten auf der Stirn durch Botox-Injektionen beseitigen zu lassen. Eine faltenfreie Stirn stellt Familienmitglieder – Erwachsene wie Kinder – jedoch vor Probleme, da sie in reduziertem Maße Informationen über den Gefühlszustand kommuniziert. Säuglinge reagieren bereits ab einem Alter von vier Wochen auf ein Stirnrunzeln als negatives Signal. Interessanterweise haben sowohl Erwachsene als auch Kinder in Befragungen angegeben, die Gefühle ihres Ehepartners/Elternteils schlechter als gewohnt lesen zu können, wenn

dieser eine Behandlung zur Glättung der Stirnfalten vornehmen ließ.

22. **Stirnfalten** – Bei manchen Menschen hinterlassen die Schwierigkeiten, mit denen sie im Leben zu kämpfen haben, oft auch schon in jungen Jahren tiefe Rillen auf der Stirn. Falten, Furchen und andere Vertiefungen sind oft negativen Erlebnissen geschuldet. Eine von Falten gekennzeichnete Stirn kann ein Hinweis auf schwierige Lebensumstände oder Belastungen sein. Ihre Ursache kann aber auch darin liegen, dass die betreffende Person viel Zeit im Freien verbracht hat – Menschen, die häufig der Sonne ausgesetzt sind, weisen häufiger Falten auf der Stirn auf.

23. **Schweißperlen auf der Stirn** – Bei hoher innerer Anspannung tritt manchen Menschen plötzlich Schweiß auf die Stirn. Wie stark der Körper schwitzt, ist individuell sehr unterschiedlich – einige Menschen beginnen bereits nach einem Schluck Kaffee oder nach ein paar Treppenstufen heftig zu schwitzen. Die Interpretation des Schwitzens als Zeichen von Stress setzt deshalb die genaue Kenntnis der »Basisform« voraus: Die Basisform eines Verhaltens bezeichnet den Normalzustand, den ein Mensch zeigt, wenn er nicht unter Stress steht und gerade nicht von starken Gefühlen beeinflusst wird.

24. **Pulsierende Schläfenarterie** – Stress bedingt in vielen Fällen ein deutlich wahrnehmbares Pulsieren der *Arteria temporalis superficialis* – der »oberflächlichen Schläfenarterie«, die direkt unter der Haut vom Ohr über die Schläfe verläuft. Das Pulsieren zeigt zuverlässig ein durch Beunru-

higung, Angst, Ärger oder gelegentlich auch Begeisterung ausgelöstes autonomes Arousal an. Unter Arousal versteht man die gesteigerte Aktivierung des autonomen Nervensystems. Das Gehirn versetzt den Körper dadurch in einen Zustand, der ihm eine sofortige Reaktion auf eine Gefahrensituation erlaubt. In Vorbereitung auf eine Flucht oder einen Kampf werden Herzschlag und Atmung schneller.

25. **Massieren der Stirn** – Menschen massieren sich nicht nur die Stirn, wenn sie unter Kopfschmerzen leiden, sondern auch, wenn sie Informationen verarbeiten oder von Sorgen, Zweifeln und Angst geplagt werden. Das Massieren der Stirn ist eine Beruhigungsgeste, die Anspannung und Furcht lindert.

26. **Auf die Stirn tippen** – Wer sich mit dem Zeigefinger an die eigene Stirn tippt oder die Fingerspitze auf die Stirn legt und dann eine kreisende Bewegung ausführt, signalisiert, dass er sein Gegenüber für dumm oder verrückt hält. Diese äußerst beleidigende Geste ist an bestimmte Kulturkreise gebunden – sie kommt vor allem in Deutschland, Österreich und der Schweiz, gelegentlich aber auch in den USA vor. In Deutschland kann es strafrechtliche Konsequenzen haben, wenn ein Autofahrer einem anderen Verkehrsteilnehmer »den Vogel zeigt«.

27. **Hand gegen die Stirn pressen** – Die flache Hand gegen die eigene Stirn zu pressen trägt dazu bei, durch Stress, Zweifel oder Unsicherheit verursachte Anspannung abzubauen. Diese Bewegung unterscheidet sich deutlich von der Geste, sich den Handteller gegen die Stirn zu schlagen: Bei ihr scheint es, als würde man versuchen, den eigenen

Kopf nach hinten zu drücken. Wie viele andere Verhaltensweisen dient das Pressen der flachen Hand gegen die Stirn dazu, durch Druck auf die Haut eine beruhigende Wirkung zu erzeugen.

28. **Irritierter Gesichtsausdruck** – Die Augenbrauen werden gerunzelt oder zusammengezogen, in der Haut oberhalb der Nase bilden sich Falten. Oft ist der Kopf geneigt und der Blick zur Seite gewandt, manchmal ist auch ein Blinzeln zu erkennen. Dieser gequälte Gesichtsausdruck ist häufig bei Personen zu beobachten, die gedanklich mit einem Problem kämpfen. Er entspringt üblicherweise starker kognitiver Belastung (angestrengtem Nachdenken oder intensivem Bemühen, sich an etwas zu erinnern).

29. **Hut in die Stirn ziehen** – Unter Stress oder aus Verlegenheit ziehen manche Menschen ihre Kopfbedeckung (ihren Hut, ihre Mütze oder ihre Kapuze) tief ins Gesicht. Vor allem Kinder und Jugendliche, aber auch einige Erwachsene bedecken ihre Stirn, wenn ihnen etwas peinlich ist. Ich habe dieses Verhalten oft bei Autofahrern beobachtet, die wegen einer Geschwindigkeitsüberschreitung verwarnt wurden – als wollten sie ihr Gesicht vor Scham verstecken.

DIE AUGENBRAUEN

Die kleinen Haarbogen, die sich oberhalb der Augenhöhlen auf Verdickungen des Stirnbeins befinden, erfüllen verschiedene Funktionen. Sie schützen unsere Augen vor Staub, Feuchtigkeit und Lichteinfall, dienen aber auch dem Ausdruck von Gemütsbewegungen. Bei der Interpretation des Gesichtsausdrucks eines anderen Menschen stützen wir uns von Kindesbeinen an auf die Signale, die die Augenbrauen senden. In vielen Kulturkreisen besitzen die Augenbrauen einen hohen ästhetischen Stellenwert: Sie werden durch Zupfen in die gewünschte Form gebracht, gefärbt, mithilfe von Puder oder Stift hervorgehoben, verlängert oder komplett entfernt. Da die Augenbrauen mithilfe einer ganzen Reihe von Muskeln bewegt werden (neben dem *Musculus corrugator supercilii* kommt dabei zwei Muskeln im Nasenbereich, dem *Musculus nasalis* und dem *Musculus levator labii superioris*, besondere Bedeutung zu), sind sie bei der Kommunikation von Gefühlen besonders ausdrucksstark.

30. Heben der Augenbrauen (Freude) – Ein kurzes Heben der Augenbrauen signalisiert Begeisterung (zum Beispiel bei der Begrüßung eines guten Freundes). Es dient auch der Bestätigung, dass ein Ereignis oder eine Information als freudig empfunden wird. Das Heben und Senken der Augenbrauen dauert weniger als eine Fünftelsekunde. Wie die meisten Ausdrucksformen, die sich entgegen der Schwerkraft äußern, ist das Heben der Augenbrauen ein positives Signal. Es lässt Babys strahlen, wenn ihre Mutter diese Mimik zeigt. Durch ein Heben der Augenbrauen signalisieren wir anderen Menschen, dass wir sie gern haben und uns freuen, sie zu sehen. Diese Form der nonverbalen Kommunikation kann im beruflichen und familiären Umfeld äußerst nützlich und wirkungsvoll sein.

31. **Augengruß** – In Situationen, in denen es uns nicht möglich ist, uns verbal zu äußern, begrüßen wir Bekannte und Vertraute mit einem kurzen Heben der Augenbrauen. Wir verwenden diese Mimik auch schlicht als Signal, dass wir die Anwesenheit einer Person wahrgenommen haben. Je nach Situation wird der Augengruß von einem Lächeln begleitet. Wir merken schnell, wenn uns dieses Zeichen der Höflichkeit nicht zuteilwird – zum Beispiel wenn wir einen Laden betreten und der Verkäufer keinen Blickkontakt zu uns herstellt. In Momenten, in denen wir sehr beschäftigt sind, können wir anderen durch ein kurzes Heben der Augenbrauen ein Zeichen der Wertschätzung senden.

32. **Heben der Augenbrauen (Anspannung)** – Ein Heben der Augenbrauen ist auch Reaktion auf eine unliebsame Überraschung oder ein schockierendes Ereignis. Kombiniert mit angespannten Gesichtszügen oder zusammengepressten Lippen verrät es uns, dass ein Mensch gerade etwas Schlimmes erlebt hat. Vom oben beschriebenen Augengruß unterscheidet sich dieses Heben der Augen-

brauen durch eine stärkere Anspannung der Muskeln und eine längere Dauer.

33. **Heben der Augenbrauen mit zum Brustbein weisenden Kinn** – Durch ein Heben der Augenbrauen mit geschlossenem Mund und nach hinten gezogenem Kinn signalisieren wir, dass wir eine soeben vernommene Nachricht in Zweifel ziehen oder von ihr überrascht sind. Diesen Gesichtsausdruck zeigen wir auch, wenn wir ein beobachtetes Verhalten oder eine Äußerung missbilligen. Wir übermitteln dann die Botschaft: »Was ich gerade gesehen habe, gefällt mir nicht.« Lehrer reagieren mit dieser Mimik oft auf ein Fehlverhalten ihrer Schüler.

34. **Heben einer Augenbraue** – Weist eine Augenbraue nach oben, während die andere in der normalen Position verbleibt oder ein Stück nach unten gezogen wird, ist dies Ausdruck von Zweifel oder Ungläubigkeit. Wir signalisieren dadurch, dass wir soeben Gehörtes infrage stellen. Der Schauspieler Jack Nicholson ist – auf der Leinwand und hinter den Kulissen – dafür bekannt, Zweifel an der Aussage seines Gegenübers durch das Heben einer Augenbraue auszudrücken.

35. **Augenbrauen zusammenziehen/runzeln** – Durch Zusammenziehen der Augenbrauen bilden sich in der Glabella genannten Hautregion oberhalb des Nasenrückens Falten. Diese Mimik signalisiert Besorgnis, Missmut oder einen inneren Konflikt. Das Zusammenziehen der Augenbrauen zählt zu den universellen Verhaltensweisen. Es gibt den herrschenden Gefühlszustand akkurat wider. Da es sehr schnell vonstattengeht, bleibt es oft unbemerkt. Man-

che Menschen zeigen diese Mimik auch, wenn sie eine beunruhigende Nachricht erhalten haben oder versuchen, eine Information gedanklich einzuordnen. In Textnachrichten wird der Gefühlszustand, der dem Zusammenziehen der Augenbrauen zugrunde liegt, durch das Emoji >< kommuniziert.

DIE AUGEN

Mit unseren Augen entdecken wir die Welt. Von Geburt an richten wir sie auf der Suche nach Informationen auf die Gesichter der uns vertrauten Personen. Wir nehmen Bewegungen, Farben und Schatten wahr und suchen stets nach neuen Eindrücken, nach Symmetrie und nach Schönem. Das Sehen wird uns durch den visuellen Kortex ermöglicht, der einen Großteil des Hinterhauptlappens unseres Gehirns einnimmt. Mit unseren Augen kommunizieren wir Zuneigung, Mitleid, Angst und Verachtung. Ein freundlicher Blick bereitet uns Freude, in den Augen eines Menschen können wir aber auch Sorge und Bedenken lesen. Wir können mit unseren Blicken einen Raum voller Menschen für uns einnehmen oder uns in der Menge verstecken. Wir schminken unsere Augen, um andere zu betören, und wenden unseren Blick ab, wenn wir jemandem aus dem Weg gehen wollen. Bei der ersten Begegnung mit einem Menschen nehmen wir meist als Erstes dessen Augen wahr. Deshalb blicken wir einem neugeborenen Kind immer wieder tief in die Augen – vielleicht, weil sie tatsächlich die Fenster zur Seele sind.

36. **Geweitete Pupillen** – Wenn wir uns wohlfühlen, etwas Schönes sehen oder uns über eine Begegnung freuen, weiten sich unsere Pupillen. Diesen Vorgang können wir nicht steuern. Wenn wir die Gegenwart eines anderen Menschen genießen, weiten sich unsere Pupillen, damit möglichst viel Licht ins Auge gelangt. Deshalb sind Restaurants mit gedämpfter Beleuchtung ideale Treffpunkte für Pärchen – der Blick wird sanft, die Pupillen weiten sich und das Wohlbefinden angesichts der Anwesenheit des Partners steigt.

37. **Verengte Pupillen** – Unsere Pupillen verengen sich, wenn uns ein Anblick missfällt oder wenn wir negative Gefühle empfinden. Eine Verengung der Pupillen lässt sich bei Menschen mit heller Augenfarbe leichter erkennen. Eine plötzliche Kontraktion auf die Größe eines Stecknadelkopfes lässt darauf schließen, dass soeben etwas Schlimmes passiert ist. Unser Gehirn veranlasst die Kontraktion der Pupillen, wenn wir in eine Notlage geraten – je kleiner die Öffnung, umso schärfer wird das Bild. Deshalb verhilft uns auch ein leichtes Zusammenkneifen der Augen zu fokussiertem Sehen.

38. **Entspannter Blick** – Ein entspannter Blick verrät, dass wir uns wohlfühlen. Wenn wir mit einer Situation im Reinen sind, sind die Muskeln um unsere Augen, auf unserer Stirn und an den Wangen entspannt. Sobald uns etwas stört oder belastet, kontrahieren sie. Dieser Vorgang lässt sich hervorragend bei Kleinkindern beobachten: Bevor ein Säugling zu weinen beginnt, ziehen sich seine Gesichtsmuskeln zusammen. Bei der Interpretation jedweden nonverbalen Signals sollte man stets kontrollieren, ob der Blick der

beobachteten Person zur vorgenommenen Einschätzung passt. Sind die Muskeln um die Augenhöhlen entspannt, kann man getrost von einer positiven Stimmungslage ausgehen. Ein plötzliches Anspannen dieser Muskeln oder ein Zusammenkneifen der Augen ist ein Zeichen dafür, dass die Person sich konzentriert oder unter Druck steht. Da die Muskeln im Auge und im umliegenden Gewebe wesentlich schneller auf Stressoren reagieren als die restlichen Gesichtsmuskeln, lässt ihre Aktivität oder Inaktivität unmittelbar auf den seelischen Zustand eines Menschen schließen.

39. **Kontraktion der Muskeln rund um die Augen** – Wenn wir uns gestresst oder bedroht fühlen, wenn wir aufgebracht oder schlechter Stimmung sind, ziehen sich die Muskeln, die unsere Augen umgeben, zusammen. Das Gehirn leitet bei Angst, Besorgnis oder Zweifel sofort die Kontraktion dieser Muskeln ein. Diese Mimik ist oft als Hinweis auf ein Problem oder einen inneren Konflikt zu verstehen.

40. **Zucken des unteren Augenlids** – Die Muskeln unterhalb des Auges (der untere Teil des *Musculus orbicularis oculi*, der das Auge ringförmig umschließt) und oberhalb der Wangenknochen sowie das umliegende Gewebe reagieren bei vielen Menschen empfindlich auf Stress. Ein Zucken des Augenlids kann ein Hinweis darauf sein, dass der Mensch Angst hat oder beunruhigt ist.

41. **Blinzeln** – Wie oft ein Mensch blinzelt, ist abhängig von der Umgebung, in der er sich befindet, und dem Ausmaß an innerer Unruhe oder Stress. Im Schnitt ist von einem

16- bis 20-maligen Blinzeln pro Minute auszugehen, die Häufigkeit ist jedoch individuell verschieden. Sie wird auch durch die Lichtverhältnisse und die Luftfeuchtigkeit beeinflusst. Bildschirmarbeit lässt die Menschen seltener blinzeln (viele leiden deshalb unter trockenen Augen oder Entzündungen – durch seltenes Blinzeln wird weniger Tränenflüssigkeit, die antibakterielle Wirkung besitzt, auf dem Auge verteilt). Wer im Freien arbeitet und Staub oder Pollen ausgesetzt ist, blinzelt häufiger. Auch das Tragen von Kontaktlinsen kann vermehrtes Blinzeln verursachen. In der Gegenwart eines Menschen, den wir körperlich attraktiv finden, blinzeln wir ebenfalls häufiger.

42. **Häufiges/schnelles Blinzeln** – Bei Nervosität, Anspannung oder Stress erhöht sich üblicherweise die Frequenz des Lidschlags. Die weitverbreitete Interpretation von schnellem Blinzeln als Zeichen von Unehrlichkeit ist falsch – wenn sie sich mit einem aggressiven Frageverhalten konfrontiert sehen, steigt auch bei Menschen, die die Wahrheit sagen, die Häufigkeit des Lidschlags an. Schnelles Blinzeln ist lediglich ein Zeichen von Stress.

43. **Blickkontakt** – Intensität und Häufigkeit des Blickkontakts unterliegen kulturellen Konventionen und persönlichen Präferenzen. In manchen Kulturkreisen gilt es als unhöflich, einem Menschen länger als zwei Sekunden in die Augen zu sehen, andernorts sind drei bis vier Sekunden akzeptabel. Kulturelle Normen bestimmen auch, welchen Mitgliedern der Gesellschaft es gestattet ist, mit anderen Blickkontakt aufzunehmen. Innerhalb der USA wird die Angemessenheit regional unterschiedlich bewertet. In New York City beispielsweise empfindet man einen

länger als eineinhalb Sekunden dauernden Blick in die Augen als Affront. Ethnische Gruppen folgen oft eigenen Konventionen – afro- oder lateinamerikanischen Kindern zum Beispiel gebietet es ihre Erziehung, den Blick älteren Menschen gegenüber als Zeichen des Respekts zu senken.

44. **Vermeiden von Blickkontakt** – Wir vermeiden Blickkontakt, wenn wir einem Gespräch aus dem Weg gehen wollen oder wenn wir einen Menschen als unsympathisch, unausstehlich oder despotisch empfinden. Gefängnisinsassen beispielsweise unterlassen es, für aggressives Verhalten bekannten Wärtern und Mitgefangenen in die Augen zu sehen. Das Abwenden des Blicks tritt in manchen Konstellationen dauerhaft auf, in anderen ist es situativ bedingt. Wenn jemand einen Fauxpas begeht, wenden wir vorübergehend unsere Augen von ihm ab. In westlichen Ländern ist es üblich, in Fahrstühlen oder anderen Räumlichkeiten, in denen Menschen nahe beieinanderstehen, Blickkontakt zu Fremden – und zu Bekannten, sofern Fremde zugegen sind – zu vermeiden. Wenn ein Mensch während eines Gesprächs den Blickkontakt unterbricht, ist das nicht als Zeichen von Unehrlichkeit, sondern als Ausdruck von Scham oder Verlegenheit zu werten.

45. **Dominanz beim Blickkontakt** – In verschiedensten Ländern der Welt durchgeführte Studien belegen, dass Menschen mit einem hohen sozialen Status sowohl beim Sprechen als auch beim Zuhören häufig Blickkontakt herstellen. Personen, die eine niedrige soziale Position innehaben, halten zu höherrangigen Gesprächspartnern meist Blickkontakt, während sie zuhören, seltener jedoch, während sie sich selbst äußern. In Japan und ande-

ren asiatischen Ländern ist dieser Unterschied besonders ausgeprägt. Grundsätzlich bringen wir Menschen, die Blickkontakt zu uns herstellen, größere Wertschätzung entgegen – vor allem, wenn unser Gegenüber eine höhere Stellung bekleidet. Wenn uns eine Person mit hohem sozialen Status, zum Beispiel ein Filmstar, in die Augen sieht, fühlen wir uns geschmeichelt.

46. **Einfordern von Blickkontakt** – Wenn wir mit einem Menschen ins Gespräch kommen möchten – aus romantischem Interesse oder in einer anderen sozialen Konstellation –, bemühen wir uns aktiv um Blickkontakt. Wir sehen die Person lange an und senden, sobald unser Blick erwidert wird, mit unseren Augen die Botschaft: »Bitte sprich mit mir.«

47. **Romantischer Blick** – Studien aus verschiedensten Ländern der Welt belegen, dass eine andere Art, sich anzusehen, oft ein erstes Anzeichen dafür ist, dass sich die Gefühle zwischen zwei Menschen verändert haben. Blicke, die ein gesteigertes Interesse verraten, signalisieren lange bevor diese Veränderung ausgesprochen wird, dass aus Freundschaft Liebe geworden ist. Dieses Phänomen lässt sich nicht nur auf der Leinwand beobachten – zum Beispiel in dem Film *Meine Lieder, meine Träume* zwischen Julie Andrews als Maria und Christopher Plummer als Kapitän von Trapp oder zwischen Emma Stone als Maria und Ryan Gosling als Sebastian in *La La Land*. Auch im wahren Leben kommunizieren wir zuerst mit unseren Blicken, dass unsere Zuneigung zu einem Menschen gewachsen ist.

48. Blickkontakt suchen – Dieses Verhalten, mit dem wir versuchen, auf herzliche oder romantische Weise die Aufmerksamkeit einer Person auf uns zu lenken, zeichnet sich durch einen sanften Gesichtsausdruck aus. Auch das wiederholte Bemühen ist charakteristisch: Immer wieder versuchen wir den Blickkontakt herzustellen, die Muskeln in unserem Gesicht, um unsere Augen und unseren Mund, sind dabei entspannt. Diese Mimik ist häufig beim Werben um einen Partner zu beobachten: Sie signalisiert Interesse an einem näheren Kontakt. Ich habe sogar schon beobachtet, wie zwei Menschen, die sich völlig fremd waren, quer über einen Raum hinweg durch dieses Verhalten eine romantische Begegnung vereinbarten.

49. Ansehen versus anstarren – Diese beiden Verhaltensweisen unterscheiden sich deutlich voneinander. Starren impliziert Distanz – es ist unpersönlich oder provokant. Wir signalisieren damit, dass uns ein Mensch suspekt, gefährlich oder seltsam erscheint. Einen Menschen anzusehen heißt, dass wir ihn für vertrauenswürdig halten und für eine Begegnung offen sind. Starren bedeutet, dass wir in Alarmbereitschaft sind, durch Ansehen kommunizieren wir Faszination und Interesse. Jemanden in Räumlichkeiten anzustarren, in denen Menschen nah beieinanderstehen, zum Beispiel in Bussen oder U-Bahnen, kann Aggressionen schüren und einen tätlichen Angriff provozieren.

50. Schließen der Augen – In geschäftlichen Besprechungen ist es Ausdruck einer negativen Gefühlslage, wenn einer der Anwesenden für längere Zeit die Augen schließt. Das Schließen der Augen kommt von dem Bedürfnis, sich von einem negativen Reiz zu distanzieren. Ihm liegen Abneigung, Zweifel, Bedenken oder eine andere Form seelischen Unbehagens zugrunde. Bleiben die Augen sehr lange geschlossen, zeugt dies von tiefer Besorgnis. Im privaten Kontext hingegen sagen wir durch das Schließen der Augen: »Ich vertraue dir. Ich grenze alles andere aus und bin mit meinen restlichen Sinnen ganz bei dir.« Bemerkenswerterweise bedecken von Geburt an blinde Kinder ihre Augen mit den Händen, wenn sie etwas hören, das ihnen missfällt oder sie beunruhigt.

51. **Schließen der Augen (Emphase/Affirmation)** – Um einer Äußerung Nachdruck zu verleihen oder unsere Zustimmung zu signalisieren, schließen wir oft einen Moment lang die Augen. Bei der Interpretation dieser Mimik ist, wie bei allen nonverbalen Signalen, der Kontext zu berücksichtigen. Nur so können wir ausschließen, dass es sich nicht um ein Zeichen der Abneigung handelt.

52. **Bedecken der Augen** – Dem Bedecken der Augen mit den Fingern oder den Handflächen liegt das Bedürfnis zugrunde, sich von einem negativen Reiz zu distanzieren. Es tritt häufig nach Erhalt einer schlechten Nachricht oder infolge der Ankündigung eines bedrohlichen Ereignisses auf. Zudem ist es Ausdruck von niedergeschlagener Stimmung, Sorge und mangelnder Zuversicht. Auch Menschen, die bei einem Vergehen ertappt wurden, zeigen diese Geste. Wie oben beschrieben, ist dieses Verhalten auch bei von Geburt an blinden Kindern zu beobachten. Diese Tatsache und der Umstand, dass die Kinder nicht erklären können, warum sie diese Geste zeigen, machen deutlich: Das Bedecken der Augen gehört von jeher zum Verhaltensrepertoire des Menschen.

53. **Schließen der Augen und Reiben des Nasenrückens** – Ein Schließen der Augen bei gleichzeitigem Reiben des Nasenrückens ist Ausdruck von Besorgnis. Die Kombination aus Beruhigungsgeste und Distanzierung von einem negativen Reiz steht mit negativen Emotionen, Abneigung, Unsicherheit, Sorge oder Angst in Verbindung.

54. **Weinen** – Weinen erfüllt für das Individuum selbst und im Bereich des Sozialverhaltens verschiedene Funktionen. Es dient vor allem dem Stressabbau und der Verarbeitung intensiver Emotionen. Kinder lernen schnell, dass sie durch Weinen das Verhalten anderer in eine bestimmte Richtung lenken können. Auch manche Erwachsene bedienen sich dieser manipulativen Form. Bei der Analyse der Körpersprache eines Menschen sollte dem Weinen keine größere Bedeutung zugemessen werden als anderen Signalen, die auf seelische Belastungen hinweisen. Häufiges Weinen kann darauf hindeuten, dass ein Mensch an schweren Depressionen oder anderen psychischen Problemen leidet.

55. **Weinen und Umklammern** – Wenn ein Mensch beim Weinen seinen Nacken, seine Halskette oder seinen Hemdkragen umklammert, durchlebt er aller Wahrscheinlichkeit nach negative Emotionen in größerer Intensität als bei reinem Tränenvergießen.

56. **Hin und her wandernde Augen** – Ein unruhig hin und her wandernder Blick steht in der Regel mit Angst, Zweifeln, Besorgnis oder dem Verarbeiten von schlechten Nachrichten in Zusammenhang. Eine spezifischere Einschätzung ist möglich, wenn weitere Signale wie angespannte Gesichtszüge oder ein nach hinten gezogenes Kinn (siehe Nr.

184) vorliegen. Bei manchen Menschen ist ein Herumwandern der Augen auch zu beobachten, wenn sie gedanklich mit der Lösung eines Problems beschäftigt sind, eine Situation einschätzen oder mögliche Handlungsweisen abwägen. Diese Mimik deutet nicht per se darauf hin, dass ein Mensch versucht, etwas zu verheimlichen.

57. **Augenzugangshinweise** – Wenn wir einem Gedanken nachhängen, einen Gefühlseindruck verarbeiten oder nach der Antwort auf eine an uns gerichtete Frage suchen, schweift unser Blick unbewusst nach links oder rechts. In einigen Fällen sind die Augen dabei leicht nach oben oder unten gerichtet. Diese Erscheinung wird als *Conjugate Lateral Eye Movement* (CLEM), zu Deutsch »paarweise laterale Augenbewegung«, bezeichnet. Die jahrzehntelang vorherrschende Ansicht, dass ein Mensch, der während der Beantwortung einer Frage seinen Blick abwendet, die Unwahrheit sagt, wurde inzwischen durch mehr als 20 wissenschaftliche Studien widerlegt. Die Tatsache, dass ein Mensch auf eine Frage hin seine Augen in eine bestimmte Richtung bewegt, verrät nicht mehr, als dass er nachdenkt – sie lässt nicht per se auf eine Lüge schließen.

58. **Lidzucken** – Ein plötzlich einsetzendes Zucken der Augenlider ist ein Hinweis darauf, dass ein Mensch mit einem Problem zu kämpfen hat oder mit sich selbst ringt. Dieses Phänomen lässt sich beim Schauspieler Hugh Grant gut beobachten: Seine Augenlider zucken häufig, wenn er sich einen Fehltritt geleistet hat oder in Schwierigkeiten geraten ist. Lidzucken tritt auch oft auf, wenn wir nach der richtigen Formulierung suchen oder etwas eben Gehörtem

oder Beobachtetem fassungslos gegenüberstehen. Bestürzung und Skepsis äußern sich häufig durch Lidzucken.

59. **Auf ein Auge zeigen** – In manchen Kulturkreisen dient es als Ausdruck von Zweifel oder Misstrauen, den Zeigefinger auf das untere Augenlid zu legen und in Richtung Augapfel zu deuten. Häufig ist diese Geste aber auch unbewusst – sie beinhaltet in diesem Fall ein leichtes Streichen mit dem Zeigefinger über das Augenlid und ist meist bei Personen zu beobachten, die über eine Frage oder eine soeben erhaltene Mitteilung nachdenken. Es lohnt sich, bei Auslandsreisen nach der spezifischen Bedeutung dieser Geste im Land zu fragen. Ich erfuhr beispielsweise bei einem Aufenthalt in Rumänien, dass man dort durch das Zeigen auf ein Auge signalisiert: »Sei vorsichtig – nicht jeder in diesem Raum ist vertrauenswürdig.«

60. **Auf ein Auge zeigen in Kombination mit weiteren nonverbalen Signalen** – Wird das Zeigen auf ein Auge (siehe Nr. 59) von einem Heben der Augenbrauen und einem Zusammenpressen der Lippen begleitet, ist dies Ausdruck von Zweifel, Bestürzung oder Fassungslosigkeit. Häufig wird dieses Signal durch ein nach hinten gezogenes Kinn untermauert.

61. **Augenrollen** – Augenrollen ist Zeichen von Geringschätzung, Missfallen oder Widerspruch. Kinder signalisieren ihren Eltern häufig durch Augenrollen Protest. In beruflichen Konstellationen gilt diese Mimik als deplatziert.

62. **Berühren des Lids** – Das Berühren des oberen Augenlids stellt oft eine Kombination aus Distanzierung von einem

negativen Reiz und Abbau von Anspannung durch eine Beruhigungsgeste dar. Nach einer unangemessenen oder peinlichen Äußerung ist häufig zu beobachten, dass umstehende Personen ihren Zeigfinger auf das geschlossene obere Augenlid legen oder sich mit dem Finger über das Lid streichen. Politiker zeigen diese Geste oft, wenn ein Redner sich verspricht oder eine unglückliche Formulierung wählt.

63. **Müde Augen** – Erschöpfung und Müdigkeit lassen sich zuerst an den Augen eines Menschen ablesen: Die Augenlider sind geschwollen oder dunkel verfärbt, das Auge wirkt strapaziert und farblos. Ursache kann eine berufliche Überlastung sein – oder es liegt an anderen externen Stressfaktoren. Auch Weinen führt zu müden Augen.

64. **Entrückter Blick** – Manche Menschen können sich – ob allein oder im Gespräch – besser konzentrieren, wenn sie ihren Blick in die Ferne richten, um Ablenkungen zu vermeiden. Wenn wir angestrengt nachdenken oder uns an etwas zu erinnern versuchen, fordern wir andere durch einen entrückten Blick auf, uns nicht zu stören.

65. **Glasige Augen** – Glasige Augen können durch den Konsum von Alkohol, Marihuana und anderen Rauschmitteln verursacht werden. Bei der Einschätzung, ob ein Mensch unter Drogen- oder Alkoholeinfluss steht, sollten weitere Faktoren wie undeutliches Sprechen oder eine verlängerte Reaktionszeit berücksichtigt werden.

66. **Blick zur Seite** – Ein zur Seite gewandter Blick ist charakteristisch für Situationen, in denen man sich nicht festle-

gen will. Er drückt auch Zweifel, Argwohn, Geringschätzung oder Verachtung aus. Das Abwenden des Blicks zählt zu den universellen Verhaltensweisen. Es lässt überall auf einen von Skepsis, Zweifel oder Bedenken geprägten Zustand schließen.

67. **Blick in den Himmel/an die Zimmerdecke** – Wenn Menschen mit einer unlösbaren Situation konfrontiert oder von Pech ereilt werden, werfen sie oft in einer dramatischen Geste den Kopf in den Nacken und blicken in den Himmel. Dieses Verhalten ist häufig bei Sportlern zu beobachten – zum Beispiel bei Golfern, wenn ihnen ein Putt misslingt. Der nach oben gerichtete Blick signalisiert Fassungslosigkeit – er erweckt den Eindruck, als würde man eine höhere Macht um Hilfe oder Erbarmen anflehen. Dieses Verhalten erfüllt jedoch eine konkrete Funktion: Durch das Neigen des Kopfes wird der seitlich am Hals verlaufende *Musculus sternocleidomastoideus* gedehnt, der sich unter Stress anspannt.

68. **Forschender Blick** – Wenn Menschen eine Lüge ausgesprochen haben, richten sie ihren Blick oft forschend auf die Gesichter ihrer Zuhörer, um herauszufinden, ob man ihnen glaubt. Dieser Blick lässt aber nicht immer darauf schließen, dass jemand die Unwahrheit sagt: Er tritt auch in Situationen auf, in denen es uns an Selbstvertrauen mangelt. In diesen Fällen suchen wir mit unserem Blick die Bestätigung, dass unsere Äußerungen Zustimmung finden. Als Faustregel gilt: Menschen, die die Wahrheit sagen, verleihen ihren Äußerungen rein informativen Charakter, Lügner versuchen, ihre Zuhörer von der Botschaft zu überzeugen.

69. **Gesenkter Blick** – Dieses Verhalten unterscheidet sich vom Abwenden des Blicks zur Vermeidung von Augenkontakt: Ein gesenkter Blick signalisiert Hochachtung, Respekt, Frömmigkeit, Unterwürfigkeit oder Reue. Der Blickkontakt wird nicht unterbrochen, in seiner Intensität aber herabgesetzt. Das Senken des Blicks unterliegt oft kulturellen Normen. Vielfach wird Kindern beigebracht, den Blick ihrer Eltern oder anderer Autoritätspersonen nicht zu erwidern, wenn sie gescholten werden. Kindern afro- oder lateinamerikanischer Herkunft gebietet es ihre Erziehung, als Zeichen von Respekt den Blick zu senken. Ihr Verhalten ist keineswegs als Ausdruck von Arglist oder Täuschung zu deuten. In Japan gilt es als unhöflich, einem Menschen, dem man zum ersten Mal begegnet, direkt in die Augen zu sehen – als Zeichen der Ehrerbietung sind zumindest die Augenlider zu senken.

70. **Trauriger Blick** – Schlaffe Augenlider verleihen uns einen traurigen, niedergeschlagenen oder deprimierten Blick. Allerdings können schlaffe Augenlider auch durch Müdigkeit bedingt sein.

71. **Abwenden des Blicks** – Während eines Gesprächs beobachtetes Blickabwenden ist kontextabhängig. In Situationen, die frei von psychischen Belastungen sind – zum Beispiel bei einer Unterhaltung mit Freunden – gestattet es uns unser Wohlbefinden, den Blick abzuwenden, während wir von einem Ereignis berichten oder uns zu erinnern versuchen. Manchen Menschen fällt es leichter, sich Informationen ins Gedächtnis zu rufen, wenn sie ihren Blick in die Ferne richten. Das Abwenden des Blicks ist kein Zeichen von Unaufrichtigkeit.

72. **Starren** – Ein längeres Schweigen während eines Gesprächs kann von einem in die Ferne oder auf eine andere Person gerichteten starren Blick begleitet werden. Beobachten wir dieses Verhalten, können wir daraus schließen, dass unser Gesprächspartner in Gedanken versunken ist – zum Beispiel weil er die kommunizierten Informationen verarbeitet.

73. **Zusammenkneifen der Augen** – Ein Zusammenkneifen der Augen ist ein deutliches Zeichen von Missfallen oder Besorgnis – vor allem, wenn es in Situationen erfolgt, in denen wir etwas Unangenehmes hören oder beobachten. Manche Menschen reagieren stets mit einem Zusammenkneifen der Augen, wenn ihnen etwas Unerfreuliches zu Ohren kommt – bei ihnen lässt diese Mimik akkurat auf ihren Gefühlszustand schließen. Da ein Zusammenkneifen der Augen aber auch mit erhöhter Konzentration oder dem Versuch, eine Nachricht zu begreifen, einhergehen kann, ist die Interpretation dieses Verhaltens kontextabhängig.

74. **Zusammenkneifen der Augen zu einem Schlitz** – Unterdrückter Zorn geht oft mit einem Zusammenkneifen der Augen und herabgesenkten Lidern einher. Um diese Mimik richtig zu deuten, sind weitere Faktoren wie angespannte Gesichtszüge und, in Extremfällen, eine geballte Faust zu berücksichtigen.

75. **Aggressives Starren** – Starren kann der Einschüchterung dienen oder einen heftigen Streit einläuten. Die dazugehörende Feindseligkeit ist an dem starr auf die Augen des anderen gerichteten Blick erkennbar. Es ist offenkundig

keine Intention vorhanden, den Blick abzuwenden, Blinzeln wird vermieden. Auch Menschenaffen bedienen sich des aggressiven Starrens, wenn sie bei Artgenossen ein für sie nicht tolerierbares Verhalten beobachten. Häufig geht das Starren eines Tieres einem Kampf voraus.

76. Verärgerter Blick – Ärger wird üblicherweise durch eine Kombination von mimischen Facetten kommuniziert: Die Augen verengen sich zur Nase hin (wie durch das Emoji >< bildlich dargestellt), gleichzeitig sind ein Naserümpfen oder geweitete Nasenflügel zu beobachten. Manchmal ist zusätzlich ein Zähnefletschen zu sehen.

77. Weit aufgerissene Augen – Weit aufgerissene Augen signalisieren Stress, Verwunderung, Furcht oder ein schwerwiegendes Problem. Je länger diese Mimik aufrechterhalten wird, umso größer ist die zugrunde liegende Belastung. Auslöser ist meist ein externer Reiz.

78. Make-up – Seit der Antike schminken Männer und Frauen ihre Augen (Lider, ober-/unterhalb des Wimpernkranzes, Augenwinkel etc.) in verschiedensten Farben, um ihre Attraktivität zu steigern. Das Auftragen von aus Mineralien, Farbstoffen, Ölen und anderen Materialien gewonnenen kosmetischen Produkten etablierte sich in allen Kulturen der Welt. Auch in der heutigen Zeit findet es Anwendung – aus einem einfachen Grund: Es funktioniert. Die große Anziehungskraft, die die Augen eines Menschen grundsätzlich auf andere ausüben, wird durch Make-up gesteigert. Auch lange, dichte Wimpern wirken attraktiv. Vor allem Frauen verstärken durch Make-up diesen Effekt.

DIE OHREN

Ohren – ob klein, groß, niedlich, abstehend, spitz oder mit Schmuck versehen – sind prominente Körpermerkmale, die wichtige Funktionen erfüllen: Sie nehmen Töne, Klänge und Geräusche auf und ermöglichen dadurch als Teil des Hörsystems die auditive Wahrnehmung. Sie dienen dem menschlichen Organismus auch zur Wärmeabgabe und damit zur Temperaturregulation. Den Ohren kommt jedoch auch in der Körpersprache große Bedeutung zu. Forschungen belegen, dass Verliebte in der Anfangsphase ihrer Beziehung die Ohren ihres Partners genau betrachten. Sie studieren deren Aussehen und prüfen, wie warm die Ohren sind, wie sie auf Berührung reagieren und wie sie sich bei unterschiedlichen Gefühlszuständen verändern. Mit den Ohren senden wir weit mehr kommunikative Signale aus, als uns bewusst ist – und häufig tun wir dies in äußerst interessanter Form.

79. **Ziehen am Ohrläppchen/Massieren des Ohrläppchens –** Wenn wir unter Stress stehen oder einfach nur nachdenken, übt es eine beruhigende Wirkung auf uns aus, eines unserer Ohrläppchen zu massieren oder sanft daran

zu ziehen. Das Massieren des Ohrläppchens steht meiner Ansicht nach auch mit Zweifel, Zögern oder dem Abwägen verschiedener Optionen in Verbindung. In manchen Kulturen gilt diese Geste als Zeichen, dass ein Mensch Bedenken hegt oder Unsicherheit empfindet, wie eine Äußerung zu interpretieren ist. Der Schauspieler Humphrey Bogart war bekannt dafür, mit seinem Ohrläppchen zu spielen, während er über an ihn gerichtete Fragen nachdachte.

80. **Erröten der Ohren** – Eine plötzlich auftretende Rötung der Haut – an den Ohren wie auch in anderen Körperregionen (Nacken, Gesicht) – kann Zeichen von Empörung oder Verlegenheit sein. Es kann sich aber auch um eine Reaktion auf Arzneimittel handeln. Hormonelle Veränderungen und ein Arousal (die gesteigerte Aktivierung des autonomen Nervensystems) kommen ebenfalls als Ursachen infrage. Bei manchen Menschen reicht eine Missachtung der persönlichen Distanzzone als Auslöser aus. Die rot, rosa oder leicht violett gefärbte Haut fühlt sich bei Berührung oft warm an. In der Regel erfolgt eine Rötung der Haut (Hyperämie) unwillkürlich. Menschen, die zu dieser körperlichen Reaktion neigen, empfinden dies oft als peinlich.

81. **Zum Sprecher geneigtes Ohr** – Wenn wir durch Drehen oder Neigen des Kopfes ein Ohr in Richtung unseres Gesprächspartners weisen lassen, signalisieren wir, dass wir aufmerksam zuhören, um Wiederholung des eben Gesagten bitten oder in unserer auditiven Wahrnehmung eingeschränkt sind. Manchmal legen wir zusätzlich die Hand hinter die Ohrmuschel, um vermehrt Schallwellen auffan-

gen zu können. Wenn wir an einem Menschen erotisches Interesse haben, gestatten wir es ihm beim Rendezvous, aus nächster Nähe in unser Ohr zu sprechen – oft geben wir ihm durch unsere Körperhaltung die Aufforderung dazu.

82. Zuhören – Aufmerksames Zuhören ist im beruflichen wie im privaten Kontext ein bedeutendes nonverbales Signal. Wir bekunden damit Interesse, Aufmerksamkeit und Empathie. Gute Zuhörer zeigen Geduld, während ihr Gegenüber spricht, und halten sich mit ihren eigenen Äußerungen zurück, bis sich der passende Zeitpunkt für ihren eigenen Gesprächsbeitrag ergibt. Wenn wir einem Menschen aufmerksam zuhören, wenden wir ihm unser Gesicht zu, damit wir seine Worte mit beiden Ohren aufnehmen können.

83. Ohrschmuck – Kulturellen Normen folgend wird das Aussehen der Ohren auf verschiedenste Weise verändert. Die Ohren werden mit Farbe bemalt, deformiert, künstlich in die Länge gezogen oder mit Ringen, Piercings und Plugs versehen. Ohrschmuck zeigt je nach Kulturkreis den sozialen Status, die Heiratsfähigkeit oder die Zugehörigkeit zu einer bestimmten Gruppe an. Er liefert Hinweise auf die Herkunft, den Beruf, den gesellschaftlichen Rang und den Charakter einer Person.

84. Entstellte Ohren – Hitze, Chemikalien und Gewalteinwirkung können Ohrknorpel und Gewebe schädigen. Rugbyspieler, Ringer und Judoka zeigen oft eine als »Blumenkohlohr« bekannte Entstellung des äußeren Ohres, die durch Blutergüsse entsteht.

DIE NASE

Der Geruchssinn sichert allen Säugetieren nach der Geburt das Überleben, da er sie zur Muttermilch führt. Er hilft dem Menschen ein Leben lang, die für ihn geeigneten Speisen auszuwählen und verdorbene Lebensmittel zu meiden. Die Nase reinigt die Luft, die in unsere Lungen gelangt, indem sie Fremdpartikel abfängt. Bei der Partnersuche lassen wir uns unbewusst von unserer Nase leiten: Wenn wir einem Menschen näher kommen, nehmen unsere Geruchsrezeptoren dessen Pheromone auf. Unser Gehirn prüft anhand dieser Botenstoffe, ob unser Gegenüber tatsächlich der richtige Sexualpartner für uns ist. Abhängig von der in unserem Kulturkreis präferierten Ästhetik schmücken wir unsere Nase mit Piercings und lassen sie von Operateuren größer, kleiner, dünner oder gerader machen. Da die Muskeln auf unserer Nase auf schlechte Gerüche äußerst empfindlich reagieren, sieht man uns Ekel sofort an: Durch Kontraktion der Muskeln entsteht ein Naserümpfen.

Die Nase zählt zu den individuellen Merkmalen eines Menschen. Sie schützt uns vor Bakterien und warnt uns vor Chemikalien und anderen schädlichen Substanzen. Sie übermittelt außerdem wichtige nonverbale Signale, die uns dabei helfen, andere Menschen zu verstehen.

85. Hände auf die Nase legen – Ein Bedecken von Nasenflügeln und Mund mit den Händen ist Ausdruck von Entsetzen, Erstaunen, Unsicherheit, Angst, Zweifel oder Besorgnis. Diese Geste tritt häufig nach Erhalt einer schlechten Nachricht auf. Auch Augenzeugen von Autounfällen und Naturkatastrophen zeigen sie oft. In der Evolutionspsychologie wird diese Geste vielfach als adaptive Reaktion eingestuft: Um zu verhindern, dass Raubtiere wie Löwen und Hyänen sie atmen hören, legten unsere Vorfahren die Hände auf die Nase. Das Bedecken von Nase und Mund mit den Händen zählt zu den universellen Verhaltensweisen.

86. Naserümpfen (Abscheu) – Beim Naserümpfen wird die Haut durch Kontraktion des *Musculus nasalis*, der auf negative Sinneseindrücke äußerst sensibel reagiert, nach oben gezogen und legt sich dabei in Falten. Manchmal tritt gleichzeitig eine Verengung der Augenwinkel auf. Naserümpfen ist Ausdruck von Abscheu und Ekel. Säuglinge kräuseln bereits ab einem Alter von drei Monaten die Nase, wenn sie schlechte Gerüche wahrnehmen. Das Naserümpfen als Zeichen von Abscheu bleibt dem Menschen ein Leben lang zu eigen: Wenn wir etwas Unangenehmes riechen, hören oder sehen, zieht sich der *Musculus nasalis* unwillkürlich zusammen.

87. Einseitiges Naserümpfen – Naserümpfen ist, wie oben beschrieben, ein eindeutiges Signal für Abscheu und Ekel. Üblicherweise erstreckt sich die durch die Muskelkontraktion verursachte Faltenbildung der Haut über die ganze Nase. Bei manchen Menschen ist diese Mimik auf einen Nasenflügel beschränkt: Nur auf einer Seite der Nase wird die Haut vom Muskel nach oben gezogen und bildet Falten. Oft wird dabei zusätzlich die Oberlippe einseitig nach oben bewegt. Dieser Gesichtsausdruck ist auch als »Elvis-Effekt« bekannt. Naserümpfen ist – ob einseitig oder die ganze Nase betreffend – stets als Zeichen von Abneigung zu interpretieren.

88. **Nasenzucken (Karibik)** – Hinsichtlich der Muskelaktivität ist das Nasenzucken mit dem oben beschriebenen Naserümpfen (siehe Nr. 86) vergleichbar. Die Muskelkontraktion läuft jedoch deutlich schneller ab – sie dauert oft nur eine 25stel-Sekunde an. Anders als beim Naserümpfen erfolgt kein Zukneifen der Augen. Das rasche Zucken des Muskels mit kurzzeitiger Faltenbildung der Haut bei direktem Blickkontakt zu einem anderen Menschen kommuniziert als nonverbales Signal die Fragen »Was ist los?«, »Was ist passiert?« oder »Was kann ich für Sie tun?«. Es ist in Kuba, Puerto Rico, der Dominikanischen Republik und in anderen Ländern der Karibik zu beobachten. In US-amerikanischen Städten mit einem hohen Anteil an karibikstämmigen Einwohnern, zum Beispiel in Miami und New York, sieht man es ebenfalls. Im Wartebereich des Miami International Airport werde ich im Café häufig durch ein Nasenzucken gefragt: »Was darf ich Ihnen bringen?« Wer diese Mimik in einer vergleichbaren Umgebung beobachtet, muss nicht auf eine verbale Äußerung warten, um seine Bestellung aufzugeben.

89. **Zeigefinger an die Nase legen** – Den Zeigefinger für geraume Zeit unterhalb der Nase oder auf einem Nasenflügel zu platzieren, ist zuweilen Ausdruck von Nachdenklichkeit oder Besorgnis. In die Interpretation sollte man jedoch weitere Signale einbeziehen. Diese Geste unterscheidet sich vom kurzen Berühren der Nase (siehe Nr. 95) und einem Über-die-Nase-Streichen insofern, als der Finger ruhig liegen bleibt.

90. **Über-die-Nase-Streichen** – Ein wiederholtes leichtes Streichen mit dem Zeigefinger über die Nase kann Zeichen von Stress oder Unbehagen sein. Es ist aber auch bei Menschen zu beobachten, die über etwas nachdenken, das ihnen zweifelhaft oder fraglich erscheint.

91. **Erhobene Nase** – Wer die Nase durch ein Zurückneigen des Kopfes nach oben weisen lässt, signalisiert Selbstvertrauen, Überlegenheit, Arroganz oder Empörung. Da diese Geste kulturellen Konventionen unterliegt, variiert sie in ihrer Häufigkeit nach geografischer Region oder sozialer Gruppe. Zu Beginn einer Versammlung bekräftigen Personen von hohem gesellschaftlichen Rang durch ein Zurückneigen des Kopfes häufig ihre übergeordnete Position. Der französische Präsident Charles de Gaulle und der italienische Diktator Benito Mussolini zeigten diese Geste oft. Die Mitglieder des russischen Kremlregiments sind ebenfalls dafür bekannt, ihre Nasen gern und häufig gen Himmel zu richten.

92. **An die Nase tippen** – In vielen Kulturkreisen übermittelt ein demonstratives Tippen mit dem Zeigefinger an die Nase die Botschaft »Die Sache stinkt«, »Ich vertraue dir

nicht«, »Das glaube ich nicht« oder »Pass auf, was du tust«. Diese Geste kann aber auch bedeuten: »Ich habe dich bemerkt«, »Das war schlau von dir« oder »Ich respektiere dich«. Paul Newman und Robert Redford kommunizieren in dem Film *Der Clou* häufig über diese Geste miteinander.

93. **Beben der Nasenflügel** – Ein Beben der Nasenflügel geht häufig körperlicher Anstrengung voraus. Bei Menschen, die aus Wut oder Entrüstung das Gefühl überkommt, sie müssten aufspringen, aus dem Zimmer stürmen oder sich anderweitig abreagieren, weiten sich oft bei tiefem Einatmen die Nasenflügel. Polizisten werten diese Mimik oft als Warnsignal, dass eine Person kurz davorsteht zu flüchten. In alltäglichen Situationen ist sie oft Zeichen, dass ein Mensch einen Moment für sich braucht, um sich zu beruhigen.

94. **Am Philtrum spielen** – Als »Philtrum« wird die vertikale Rinne bezeichnet, die sich zwischen Nase und Oberlippe erstreckt. Unter Stress zupfen, kratzen oder ziehen viele Menschen an der Haut in diesem Bereich – teilweise sogar recht heftig. Das Philtrum liefert jedoch noch weitere Hinweise: Bei einem Menschen, der unter Stress steht, sammeln sich oft Schweißperlen in der Rinne. Wer die Zunge hinter das Philtrum legt und es nach vorn schiebt, zeigt eine deutlich wahrnehmbare Beruhigungsgeste.

95. **Verstohlenes Berühren der Nase** – Wer mit dem Zeigefinger flüchtig über seine Nase streicht, bedient sich einer Beruhigungsgeste, während er gleichzeitig versucht, den Eindruck aufrechtzuerhalten, dass alles in Ordnung sei. Diese Geste kann man bei Führungskräften beobachten,

die es gewohnt sind, alles im Griff zu haben, und dennoch unter Stress stehen. Auch Pokerspieler, die ein schlechtes Blatt zu verbergen suchen, zeigen dieses Verhalten oft.

96. **Schnelles Atmen durch die Nase** – Viele Menschen atmen schnell und hörbar durch die Nase ein, bevor sie eine schlechte Nachricht überbringen. Ich habe dieses Verhalten auch als Reaktion auf unangenehme Fragen oder als Auftakt zu einer Lüge beobachtet. Die Nasenhaare und die mit ihren Wurzeln verbundenen Nervenenden reagieren sofort auf Luftzug und Feuchtigkeit. Durch das schnelle Einatmen werden die Härchen und Nerven stimuliert. Dadurch reduziert sich vermutlich für einen Moment lang der Stress, der sich durch die Aufgabe, etwas Unangenehmes oder Belastendes kommunizieren zu müssen, aufbaut.

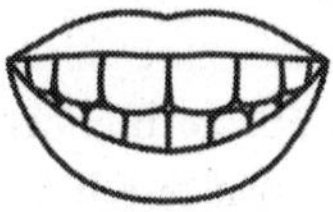

DER MUND

Der Mund dient uns zum Essen, Trinken, Atmen und Sprechen. Unsere Lippen nehmen aufgrund zahlreicher Rezeptoren Berührungen und Wärme besonders intensiv wahr. Da die Muskeln, die unseren Mund umgeben – es sind mehr als zehn – äußerst beweglich sind, reagieren sie nicht nur schnell auf taktile Reize, sie spiegeln auch unseren mentalen und seelischen Zustand unmittelbar wider. Mit der Mimik unseres Mundes können wir verführerisch wirken und Trauer, Freude und Schmerz kommunizieren. Jede Veränderung des Gefühlszustands ist sofort an unseren Mundbewegungen abzulesen. Wenn wir herausfinden möchten, was in einem Menschen vorgeht, sehen wir ihm zunächst in die Augen – und richten dann auf der Suche nach weiteren Hinweisen unseren Blick auf seinen Mund.

97. **Kurzes, lautes Ausatmen** – Ein kurzes lautes Ausatmen mit leicht geöffneten Lippen ist Zeichen von großer Anspannung oder Frustration. Vor allem bei Zorn dient es der Stressreduktion. Dieses Verhalten ist oft zu beobachten, wenn jemand eine schlechte Nachricht erhält oder mit einer unangenehmen Situation konfrontiert wird.

98. **Befreiendes Ausatmen** – Blähen sich die Wangen, während die Atemluft durch zusammengepresste Lippen ausgestoßen wird, deutet dies darauf hin, dass die Person unter Stress steht oder soeben eine belastende Situation bewältigt hat. Ein befreiendes Ausatmen ist oft nach einer Prüfung, nach einem Bewerbungsgespräch oder bei einem in letzter Sekunde verhinderten Verkehrsunfall zu beobachten. Es ist deutlich hörbar und dauert in der Ausführung länger als die oben beschriebene Form des kurzen, lauten Ausatmens.

99. **Bejahendes Einatmen** – Das Geräusch, das durch abruptes, schnelles Einatmen entsteht, dient in einigen skandinavischen Ländern, in Irland sowie in Teilen Großbritanniens als Ausdruck der Zustimmung. Es ist selbsterklärend und synonym mit verbalen Äußerungen wie »Ja« oder »Ja, das stimmt«. Klanglich ähnelt es einem Schnappen nach Luft. Als ich mich einmal nach einer Autofahrt in Schweden beim Fahrer erkundigte, ob wir unser Ziel erreicht hätten, antwortete er lediglich mit einem bejahenden Einatmen – eine zusätzliche verbale Äußerung war seinem Verständnis nach nicht nötig.

100. **Durch die Mundwinkel einatmen** – Diese Mimik ist optisch und akustisch deutlich wahrnehmbar. Die Mundwinkel werden leicht nach oben gezogen, durch rasches Einatmen entsteht ein Sauggeräusch. Dieses abrupt einsetzende Verhalten ist ein zuverlässiges Zeichen für Angst, Besorgnis oder Entsetzen. Die Tatsache, dass Lippenbewegungen unterdrückt werden, da der Mund weitgehend geschlossen bleibt, ist ein Anzeichen von Stress oder in manchen Fällen auch Schmerz – zum Beispiel wenn uns jemand auf die Füße tritt.

101. Luft anhalten – Polizeibeamte, die regelmäßig Lügendetektortests durchführen, wissen, dass Menschen oft die Luft anhalten, um ein nervöses Atmen zu verbergen. Nicht selten müssen sie die Befragten zum Atmen auffordern. Luftanhalten ist Teil der Kampf-oder-Flucht-Reaktion, der körperlichen und seelischen Anpassung an Stresssituationen. Wenn ein Mensch die Luft anhält, lässt sich oft daraus schließen, dass er Furcht empfindet.

102. Trockener Mund – Ursache einer Trockenheit der Mundhöhle (der Fachbegriff lautet »Xerostomie«) kann Stress, Furcht oder Beklommenheit sein. Ein trockener Mund kann aber auch auf die Einnahme von Medikamenten oder Drogenkonsum zurückzuführen sein. Er ist nicht, wie vielfach postuliert, Hinweis darauf, dass jemand die Unwahrheit sagt oder etwas zu verbergen versucht. Er kann aber darauf hindeuten, dass ein Mensch unter Stress steht oder Angst hat.

103. Speichelbällchen in den Mundwinkeln – Eine durch Stress, Medikamente oder Krankheit verursachte Trockenheit der Mundhöhle (Xerostomie) geht häufig mit zähflüssigem Speichel einher. Der verklumpende Speichel sammelt sich dann oft in den Mundwinkeln. Diese kleinen, weißen Speichelbällchen sieht man manchmal bei Rednern, die während ihres Vortrags nervös sind. Da Speichelbällchen die Blicke anderer in unangenehmer Weise auf sich ziehen, ist es aufgeregten Sprechern zu empfehlen, gelegentlich die Mundwinkel abzuwischen und Wasser zu trinken.

104. Kaugummi kauen – Kaugummikauen ist ein wirksames Mittel zur Beruhigung. Schnelle Kaubewegungen sind oft Zeichen von Unbehagen oder Besorgnis. Manche Menschen vollführen unter Stress auch dann schnelle Kaubewegungen, wenn sie gar keinen Kaugummi im Mund haben.

105. Vokale Tics – Plötzliche Lautäußerungen wie Schnalzen, Räuspern oder Grunzen sind Symptome des Tourettes-Syndroms und anderer Tic-Erkrankungen. Auf Außenstehende wirken sie meist befremdlich. Stresssituationen können ein vermehrtes Ausstoßen dieser Laute bedingen. Tics erfolgen unwillkürlich – sie lassen sich nicht unterdrücken oder steuern. Vokale Tics werden manchmal von motorischen Auffälligkeiten wie fahrigem Schwingen der Arme begleitet. Wer dieses Verhalten beobachtet, sollte Umstehende ermuntern, die erkrankte Person nicht anzustarren – von Tics Betroffene empfinden dies als äußerst unangenehm.

106. Sich auf die Zunge/in die Wangen beißen – Manche Menschen beißen sich zum Abbau von Stress in die Zunge oder in die Innenseiten der Wangen. Bei einer Störung der Impulskontrolle ist dieses Verhalten besonders ausgeprägt. Auf der Zunge zeigen sich dann kleine, zuweilen sogar eitrige Wunden. Durch Stress wird dieses Verhalten verstärkt. Wie beim Ausreißen der Haare ist auch beim Beißen in die eigene Haut in schwerwiegenden Fällen eine therapeutische Behandlung erforderlich.

107. Entblößen der unteren Zahnreihe – Wenn wir Angst haben oder bemerken, dass wir einen Fehler gemacht haben, ziehen wir oft – während wir die Zähne zusammenbeißen – unsere Mundwinkel schräg nach unten, sodass die untere Zahnreihe sichtbar wird. Dieses Verhalten tritt zum Beispiel auf, wenn wir bei unserer Ankunft zu Hause darauf hingewiesen werden, dass wir vergessen haben, etwas Wichtiges zu besorgen.

108. Gähnen – Gähnen ist ein wirksames Mittel, sich selbst zu beruhigen: Durch die Stimulation der Nerven in Kiefer und Kiefergelenk (*Articulatio temporomandibularis*) wird angestauter Stress abgebaut. Außerdem kühlt, wie jüngste Forschungsergebnisse belegen, die beim Gähnen eingeatmete Luft das Blut im Gehirn durch die vielen kleinen Adern in Mund und Rachen ab. Das Gähnen dient uns gewissermaßen als Klimaanlage. Wenn ein Mensch gähnt, ist ihm also entweder zu warm oder er steht, wie ich bei polizeilichen Befragungen oft festgestellt habe, unter starker innerer Anspannung. Übrigens gähnen schon Kleinkinder, die zu warm angezogen wurden, häufiger als gewohnt, um sich Abkühlung zu verschaffen.

109. Rauchen – Bei vielen Rauchern steigt in Stresssituationen der Zigarettenkonsum. Wenn wir in einem Gespräch auf Abweichungen vom üblichen Rauchverhalten einer Person achten, erhalten wir Hinweise auf das Ausmaß an innerer Unruhe, die sie empfindet. Bei starkem Stress verlieren Raucher manchmal sogar die Kontrolle darüber, wie viele Zigaretten sie sich bereits angezündet haben. Nikotinflecken an den Fingern und Zigarettengeruch an den Händen sind natürlich auch Zeichen starken Rauchens.

110. Überessen – Innere Anspannung veranlasst manche Menschen dazu, weit mehr als die üblicherweise von ihnen verzehrte Menge an Nahrungsmitteln zu sich zu nehmen. Ich habe bei Footballspielen Zuschauer fast bis zum Erbrechen essen sehen. Bei diesen Fans äußerte sich die angespannte Erwartung, ob ihr Team gewinnen würde, in übergroßem Appetit.

111. Zunge gegen die Wange drücken – Mit der Zungenspitze gegen die Wange zu drücken und sie für geraume Zeit in dieser Position zu belassen, dient dem Abbau von Stress. Diese Mimik ist vor allem bei Menschen zu beobachten, die unter extremem Druck stehen, Informationen zurückhalten oder bei einem Vergehen ungestraft davonkommen. Oft steht sie aber auch mit neckischem oder vorwitzigem Verhalten in Zusammenhang.

112. Zunge herausstrecken – Jemand, der seine Zunge schnell zwischen den Zähnen nach vorn schiebt – oft ohne die Lippen mit der Zunge zu berühren – signalisiert »Gott sei Dank hat es keiner gemerkt« oder »Oje, ertappt!«. Diese Mimik ist auch zu beobachten, wenn einem Menschen bewusst wird, dass er gerade einen Fehler macht. Das Herausstrecken der Zunge zählt zu den universellen Verhaltensweisen. Es wird in einer enormen Bandbreite an Situationen als Zeichen des Triumphs eingesetzt – ob man nun einen extra Keks ergattert, beim Shopping ein Schnäppchen gemacht, eine bessere Schulnote errungen oder einem anderen Menschen einen Bären aufgebunden hat.

113. Zunge herausstrecken (Affront) – Fast auf der ganzen Welt wird das Herausstrecken der Zunge als Beleidigung oder als Zeichen von Abscheu und Ekel verstanden. Kinder bedienen sich ab einem sehr jungen Alter dieser Mimik, wenn sie einen Spielgefährten kränken wollen. Krieger der Maori und anderer indigener Völker auf den Inseln des Pazifiks streckten früher zur Abschreckung ihrer Gegner ihre Zungen weit aus dem Mund und ließen dabei die Zungenspitze nach unten weisen. Diese provozierende und bedrohliche Mimik demonstrieren die Maori heute noch in ihren *haka* genannten zeremoniellen Tänzen.

114. Zunge herausstrecken (Konzentration) – Während sie eine komplizierte Aufgabe lösen, strecken viele Menschen die Zunge heraus – üblicherweise seitlich, manchmal wölbt sich die Zunge aber auch über die Unterlippe. Einer meiner Buchhalter zeigte diese Mimik jedes Mal, wenn er Zahlen in seinen Taschenrechner eintippte. Bei Studenten beobachte ich diese Mimik häufig während schriftlicher Prüfungen. Das Herausstrecken der Zunge erfüllt zwei Funktionen: Es dient zur Beruhigung und signalisiert anderen, dass wir beschäftigt sind und nicht gestört werden möchten. Der Basketballspieler Michael Jordan war für diese Mimik berühmt: Wenn er die Zunge heraussteckte, ließen die nächsten zwei Punkte meist nicht lange auf sich warten.

115. Zunge gegen den Gaumen pressen – Manche Menschen zeigen dieses Verhalten, wenn sie gedanklich oder seelisch mit einem Problem zu kämpfen haben – zum Beispiel während sie eine Prüfung schreiben oder ein Formular ausfüllen, wenn sie beim Basketball den Korb verfehlt haben oder trauriger Stimmung sind. Da der Mund leicht geöffnet bleibt, ist ein Teil der Zunge für Beobachter sichtbar.

116. Zähne lecken – Wie das Lippenlecken (siehe Nr. 145) tritt das Streichen mit der Zunge über die Zähne bei Mundtrockenheit auf, die häufig durch Nervosität, Angst oder Beklommenheit ausgelöst wird. Dieses universelle Verhalten dient dem Abbau von Stress. Es kann aber auch Anzeichen dafür sein, dass die betreffende Person unter Dehydratation leidet. Bleibt der Mund geschlossen, während die Zunge über die Zähne streicht, lässt sich die Bewegung unterhalb der Lippe wahrnehmen.

117. Zunge hin- und herschnellen lassen – Wenn sie einer Situation nervös oder ängstlich entgegensehen, lassen manche Menschen ihre Zunge bei geschlossenem Mund hin- und herschnellen. Sie zeigen diese Mimik, wenn sie sich unbeobachtet fühlen oder weil sie davon ausgehen, dass sie nicht zu sehen ist. Für Umstehende ist das Bewegen der Zunge dennoch aufgrund des wiederholten, raschen »Ausbeulens« der Wangen erkennbar.

118. Gegen die Zähne schnipsen – Mit dem Daumennagel gegen die Zähne zu schnipsen dient dem Abbau von Stress. Wird die Daumenbewegung wiederholt ausgeführt, ist dies ein Hinweis darauf, dass die Person ein Gefühl der Besorgnis zu mindern versucht. Wie alle repetitiven Verhaltensweisen ist diese Geste für Beobachter allerdings nur dann relevant, wenn sie nicht zum Standardverhalten einer Person gehört: Bei Menschen, die regelmäßig mit ihrem Daumen gegen die Zähne schnipsen, lässt eher ein plötzliches Unterlassen dieser Geste Rückschlüsse auf ihren Gefühlszustand zu.

119. Zähne zeigen – Das Entblößen der zusammengebissenen Zähne durch plötzliches Zurückziehen der Mundwinkel wird in der Evolutionsforschung mit dem Angstgrinsen in Zusammenhang gebracht, das Primaten in brenzligen Situationen oder gegenüber ranghöheren Männchen zeigen. Menschen zeigen diese Mimik üblicherweise, wenn sie dabei ertappt werden, etwas Verbotenes zu tun. In manchen Situationen tritt zusätzlich zum Entblößen der Zähne ein Heben der Augenbrauen auf.

120. Zähneklappern – Bei Langeweile, Frust oder Stress schieben manche Menschen ihren Unterkiefer leicht zur Seite und bewegen ihn dabei auf und ab, sodass die Eckzähne immer wieder gegeneinanderschlagen. Die durch das Klappern an das Gehirn übermittelten Signale üben eine beruhigende Wirkung aus.

121. Tonfall – Aus dem Tonfall, den wir einer Äußerung verleihen, schließen unsere Gesprächspartner, ob wir ihnen wohlwollend oder kritisch gegenüberstehen. Mithilfe der Sprachmelodie können wir die Art und Weise, wie wir von anderen wahrgenommen werden, beeinflussen oder verstärken. Unser Tonfall lässt uns freundlich, nett, aufmerksam, liebenswürdig, klug, argwöhnisch, arrogant oder ungehalten erscheinen. Dem Tonfall kommt bei der sozialen Interaktion große Bedeutung zu. Paradoxerweise ist es ein probates Mittel, die Tonhöhe zu senken, wenn man die Aufmerksamkeit eines anderen Menschen erregen möchte. Dass eine tiefe, leise Sprechweise eine beruhigende Wirkung hat, bezeugen Eltern angesichts der Erfahrungen, die sie beim Zubettbringen ihrer Kinder machen.

122. Stimmlage – Wenn wir nervös sind, bedienen wir uns einer höheren Stimmlage. Nehmen wir bei unserem Gesprächspartner wahr, dass seine Stimme höher wird oder bricht, können wir dies als Zeichen von Aufregung, Unsicherheit oder Stress werten. Ursache ist eine erhöhte Spannung der Stimmbänder.

123. Steigende Intonation bei Aussagesätzen – Studien belegen, dass Zuhörer einen negativen Eindruck gewinnen, wenn Sprecher Aussagesätze mit der für Fragen typischen Intonation versehen, also am Ende des Satzes ihre Stimme heben. Dieses Sprechverhalten ist vor allem bei Jugendlichen beliebt. Es lässt den Sprecher jedoch zögerlich und unsicher erscheinen.

124. Stottern – Manche Menschen leiden dauerhaft unter dieser Störung des Redeflusses, die sich zum Beispiel durch die Wiederholung von Silben, Lauten oder Wörtern äußert. Die Beeinträchtigungen, die durch das Stottern entstehen, wurden von Colin Firth in dem Film *The King's Speech* (2010) am Beispiel des britischen Königs George VI. in beeindruckender Weise dargestellt. Bei Menschen, die von dieser Störung nicht grundsätzlich betroffen sind, kann bei hoher Belastung durch Stress oder Angst kurzfristig ein Stottern oder Stammeln auftreten.

125. Verzögertes Antworten – Ein Hinauszögern der Antwort auf eine Frage wird von vielen fälschlicherweise als Zeichen interpretiert, dass ihr Gesprächspartner nicht die Wahrheit sagt oder bemüht ist, sich auf der Suche nach einer glaubwürdigen Erwiderung Zeit zu verschaffen. Ein Hinauszögern der Antwort ist jedoch sowohl bei aufrichtigen als auch bei unaufrichtigen Sprechern zu beobachten. Unterschiede bestehen lediglich hinsichtlich der Motivation. Menschen, die etwas verheimlichen wollen, suchen unter Umständen tatsächlich nach einer unverfänglichen Antwort. Jemand, der die Wahrheit sagt, denkt vielleicht nur über die richtige Formulierung nach. Meiner Erfahrung nach ist verzögertes Antworten zwar der Beachtung wert, als eindeutiges Indiz für Lügen trägt es jedoch nicht. In einigen Kulturkreisen, zum Beispiel bei vielen indigenen Völkern Amerikas, ist dieses Verhalten nicht ungewöhnlich – es zeigt, dass die Frage mit all ihren Implikationen sorgfältig abgewogen wird. Verzögertes Antworten kann auch Stress oder Müdigkeit geschuldet sein. In einem Verhör oder einer polizeilichen Befragung bedingt die Tragweite des Gesprächs oft ein zeitverzögertes Antworten.

126. Schweigen – Anhaltendes Schweigen oder eine »bedeutungsschwangere Pause« sprechen oft Bände. In Fällen, in denen wir uns an etwas zu erinnern versuchen oder über einen Sachverhalt nachdenken, erzeugen wir die Gesprächspause unabsichtlich. In bestimmten Situationen aber wird Schweigen gezielt eingesetzt, zum Beispiel wenn ein Verhandlungsführer verstummt, um die Gegenpartei zu einem Statement zu veranlassen. Schweigen lässt sich als bewusstes Signal einsetzen, das andere darüber informiert, dass wir gerade nachdenken, unser Gedächtnis durchforsten, Informationen verarbeiten oder perplex sind. Interviewer und Schauspieler wissen Schweigen oft äußerst wirkungsvoll zu nutzen.

127. **Schweigen und Erstarren** – Wenn jemand in einer Gesprächssituation plötzlich verstummt und regungslos verharrt, ist dies eine Reaktion auf einen negativen Reiz – auf eine Information, die schockiert oder die Grundfesten des eigenen Glaubens erschüttert. Gleiches gilt, wenn sich nach Erhalt einer Nachricht oder im Anschluss an eine Beobachtung die Atmung eines Menschen verändert.

128. **Zwischenrufe** – In privaten Gesprächen und geschäftlichen Besprechungen ist das Vorbringen von Einwänden, das allein der Unterbrechung des Redeflusses eines Teilnehmers dient, eine verbreitete Methode, um weitere Diskussionen zu umgehen. Nicht der Inhalt der Äußerungen, sondern die wiederholten Störungen, die Verärgerung auslösen und erneutes Konzentrieren nötig machen, sind hier das Signal. Die vorgebrachten Bemerkungen dienen nicht der Förderung des Gesprächsverlaufs oder der Klärung von Sachverhalten – sie werden in der Absicht geäußert, den Redner zu provozieren, einzuschüchtern oder aus der Fassung zu bringen. Ich habe dieses Verhalten häufig bei Gewerkschaftsversammlungen beobachtet.

129. **Wortfetzen** – Bei dieser Variante des befreienden Ausatmens beginnen wir, ein Wort zu formulieren, führen es aber nicht zu Ende. Wir stoßen ein »Ver…«, »Sch…« oder »Herrg…« aus, stoppen dann aber abrupt. Wortfetzen gelten als nonverbale Zeichen, da das Wort nicht vollständig ausgesprochen wird. Zuhörer ahnen jedoch meist, welcher Begriff gemeint ist. Es gibt auch Wortfetzen, die vor allem für Nicht-Muttersprachler keinen Sinn ergeben. Dem Sprecher ermöglichen sie es, Stress abzubauen, ohne jemanden zu beleidigen.

130. **Sprechtempo** – Die Schnelligkeit, mit der wir sprechen, ist ein bedeutendes nonverbales Signal. In einigen Teilen der USA ist langsames, überlegtes Sprechen üblich, in anderen wird schnell und undeutlich gesprochen. Das Sprechtempo gibt Auskunft über die Persönlichkeit des Sprechenden, über seine Herkunft und die Region, in der er seine schulische Ausbildung absolviert hat. Verändert ein Mensch das ihm üblicherweise eigene Sprechtempo, ist dies oft Ausdruck von Stress oder Zeichen von Widerwillen, auf eine unangenehme Frage einzugehen.

131. **Unablässiges Sprechen** – Jeder von uns ist schon einmal einem Menschen begegnet, der unaufhörlich zu reden scheint. Dieses Verhalten kann durch Nervosität verursacht werden, aber auch darauf hindeuten, dass die Person auf sich selbst fixiert und anderen gegenüber rücksichtslos ist. Die Interpretation ist kontextabhängig: Nach einem Verkehrsunfall ist unablässiges, wirres Reden ein Zeichen von Schock. Wenn auf einer Party einer der Gäste pausenlos auf einen anderen einredet, möchte er dadurch betonen, welchen der Anwesenden er für besonders wichtig hält – und in seinen Augen ist dies bestimmt nicht sein Zuhörer.

132. **Unzusammenhängendes Sprechen** – Unzusammenhängendes Sprechen tritt nach dem Durchleben eines verstörenden oder tragischen Ereignisses auf. Ursache ist eine Überlastung des für die Verarbeitung von Emotionen zuständigen Teils des Gehirns. Wie bei Soldaten und Flüchtlingen in Kriegsgebieten beobachtet wurde, kann die Beeinträchtigung je nach Art und Intensität des auslösenden Ereignisses mehrere Stunden oder sogar Tage anhalten.

133. Wortwiederholungen – Es kommt vor, dass Menschen in extrem stressbelasteten Situationen einzelne Wörter unablässig wiederholen. Versuche, die Person zu sinnhaften Äußerungen zu veranlassen, scheitern oft – die Betroffenen scheinen in einer Endlosschleife gefangen zu sein. Mir ist einmal eine Frau begegnet, die von einem Auto angefahren worden war und ständig mit angsterfülltem Gesicht das Wort »Metall« wiederholte. Sie war außerstande, mehr zu sagen.

134. Reaktionsschnelligkeit – Manche Menschen lassen sich bei der Beantwortung von Fragen Zeit – sie setzen an, pausieren und fahren dann fort. Andere antworten, noch bevor die Frage zu Ende gestellt wurde. Die Schnelligkeit, mit der eine Person auf eine Frage reagiert, lässt Rückschlüsse auf ihre Art zu denken und Informationen zu verarbeiten zu. Sie ist aber auch vom kulturellen Kontext und von der allgemeinen geistigen Beweglichkeit der Person abhängig.

135. Hastiges Sprechen – Nicht nur bei der Beantwortung von Fragen ist schnelles Sprechen nicht immer von Vorteil. Eine hastig geäußerte Entschuldigung verliert ihre Bedeutung – sie wirkt gekünstelt und phrasenhaft. Derselbe Effekt stellt sich bei einem rasch ausgesprochenen Lob oder einer hektischen Begrüßung ein. Situationen wie diese gebieten es, sich Zeit zu nehmen. Ein hastiges Vorbringen von Entschuldigungen oder von Wertschätzung bezeugenden Äußerungen deutet auf Probleme wie soziale Angststörungen, Widerwillen oder einen Mangel an Überzeugtheit hin. Bei diesem Verhalten ist die Sprechgeschwindigkeit als nonverbales Zeichen zu werten.

136. **Pausenfüller** – Partikel wie »ähm« oder »hm«, Hüsteln, Räuspern oder langsames Artikulieren deuten oft darauf hin, dass dem Sprecher die richtigen Worte fehlen und er das Bedürfnis hat, die Pausen mit irgendeinem Laut zu überbrücken. Im Amerikanischen kommt diese Strategie häufig zur Anwendung, wenn jemand nach einer passenden Antwort oder der richtigen Formulierung sucht oder sich ein Ereignis in Erinnerung ruft. Da es sich bei Pausenfüllern nicht um Wörter im eigentlichen Sinne handelt, werden sie als nonverbale Signale klassifiziert.

137. **Husten und Räuspern** – Husten und Räuspern treten häufig auf, wenn sich jemand mit einer schwierigen Frage oder einem Problem konfrontiert sieht. Räuspern ist eine typische Reaktion, wenn eine Frage der genaueren Einschätzung bedarf oder das Antworten schwerfällt. Meiner Beobachtung nach ist ein Hüsteln oder Räuspern gelegentlich auch zu hören, wenn jemand die Unwahrheit sagt. Es weist aber nicht eindeutig auf Lügen hin, denn auch Personen, die sich wahrheitsgemäß äußern, räuspern sich, wenn sie nervös oder angespannt sind.

138. **Nervöses Pfeifen** – Pfeifen ist eine Variante des befreienden Ausatmens (siehe Nr. 98) und dient dem Abbau von Stress. Da es beruhigende Wirkung hat, hört man oft Menschen pfeifen, die nachts einsame Stadtviertel durchqueren oder sich allein unwohl fühlen. In Filmen sieht man häufig, dass Figuren pfeifen, um ihre Angst zu verscheuchen, wenn sie auf einem Friedhof sind.

139. **Schnalzen** – Vielerorts signalisiert man seinem Gesprächspartner durch Zungenschnalzen, dass man ande-

rer Meinung ist. Man kann damit auch auf ein Problem hinweisen oder jemanden rügen. Beim Schnalzen wird die Zungenspitze an die Vorderzähne oder den Gaumen gelegt, dann führt die Zunge eine saugende Bewegung aus. Häufig wird das Zungenschnalzen von einem erhobenen Zeigefinger begleitet, der mahnend signalisiert, dass ein Regelverstoß wahrgenommen wurde. Wenn Eltern bemerken, dass ihre Kinder drauf und dran sind, eine Missetat zu begehen, gebieten sie ihnen häufig durch Zungenschnalzen Einhalt.

140. Lachen – Lachen ist ein universelles Zeichen für Heiterkeit und Freude. Es hilft, Stress abzubauen, und verschafft uns sogar Erleichterung, wenn wir unter Schmerzen leiden. Das Lachen ist im Laufe der Evolution vermutlich als Schutzmechanismus entstanden. Es gibt viele Arten zu lachen: hemmungslos und schrill, wenn wir einen guten Witz hören, herzerfrischend, wie es Kinder tun, oder unterwürfig, um einem Vorgesetzten zu schmeicheln. Die Art, wie eine Person lacht, kann viele Hinweise geben. Bei der Interpretation sollte man den situativen Kontext einbeziehen und darauf achten, ob die Übermittlung des Gefühlszustands authentisch erscheint.

DIE LIPPEN

Wir schürzen die Lippen, wenn wir mit unserem Smartphone ein Selfie machen. Wir schminken sie, um attraktiver zu sein. Wir polstern sie mit Kollagen auf, um unser Alter zu kaschieren, oder steigern ihr Volumen mit Botox. Wir schmücken unsere Lippen mit Piercings. Wir massieren sie und spielen mit unseren Fingern an ihnen herum. Wir streichen mit der Zunge über unsere Lippen, um sie feucht zu halten.

Unsere Lippen nehmen aufgrund zahlreicher Rezeptoren Berührungen, Kälte, Wärme und Luftbewegungen intensiv wahr. Sie sind äußerst sensibel für Zärtlichkeiten. Lippen sind sinnlich und kommunizieren Gefühle. Durch Lippenbewegungen signalisieren wir Gefallen, Abneigung und Angst. Natürlich nutzen wir unsere Lippen auch zum Küssen. Auf gewisse Weise gehören unsere Lippen zu den Merkmalen, die uns als Menschen ausmachen.

141. Volle versus schmale Lippen – Größe und Ausdehnung der Lippen ändern sich je nach Gefühlszustand eines Menschen. Wenn wir uns wohlfühlen, haben wir volle

Lippen, bei Stress sind sie schmal. Volle Lippen signalisieren Zufriedenheit und Ausgeglichenheit. Wenn wir unter Anspannung stehen, fließt das Blut aus unseren Lippen in andere Körperregionen, in denen es dringender benötigt wird. Die Ausdehnung unserer Lippen zeigt wie ein Barometer unseren seelischen Zustand an.

142. Finger auf die Lippen legen – Das Bedecken der Lippen mit den Fingern ist Zeichen von Unsicherheit und Zweifel. Die Interpretation ist kontextabhängig. Diese Geste ist häufig bei Personen zu beobachten, die intensiv über etwas nachdenken oder eine soeben gehörte Frage abwägen. Da manche Menschen ihre Finger aus Gewohnheit in den verschiedensten Situationen an die Lippen legen – diese Beruhigungsgeste reicht zurück zum Daumenlutschen in Kindertagen –, muss man vorsichtig sein, welche Rückschlüsse man aus dem beobachteten Verhalten zieht.

143. An den Lippen zupfen – An den Lippen zu zupfen oder zu ziehen ist Zeichen von Angst, Zweifel, Besorgnis oder einem Mangel an Selbstvertrauen. Dieses Verhalten besitzt keine Signalwirkung bei Menschen, die es gewohnheitsmäßig zeigen – ihnen dient es ganz allgemein als Beruhigungsgeste. Ist das Zupfen an den Lippen eine außergewöhnliche Erscheinung bei einer Person, signalisiert es deutlich, dass etwas nicht in Ordnung ist.

144. Lippenbeißen – Lippenbeißen dient zur Beruhigung, in den meisten Fällen bei Stress oder Besorgnis. Es löst das Daumenlutschen ab, das ab einem gewissen Alter als inakzeptabel gilt, und stimuliert dieselben Nerven. In Situationen, in denen eine Person gern eine bestimmte Äußerung machen würde, sich dazu aber außerstande sieht oder Schwierigkeiten befürchtet, ist Lippenbeißen ebenfalls häufig zu beobachten. Manche Menschen beißen sich in die Lippen, wenn sie zornig sind, da es ihnen dabei hilft, sich zu beherrschen.

145. **Lippenlecken** – Mit der Zunge über die Lippen zu streichen beruhigt uns in derselben Weise wie das Lippenbeißen. Es ist oft Ausdruck von Angst, Besorgnis oder anderen negativen Emotionen. Bei der Interpretation dieser Mimik ist allerdings zu berücksichtigen, dass sie oft lediglich dem Befeuchten der Lippen dient. In bestimmten Situationen ist sie eindeutig Zeichen von Stress – ich beobachte sie häufig bei Studenten, die schlecht vorbereitet in eine Prüfung gehen.

146. **Anspannen der Lippen** – Durch angespannte Muskeln schmal wirkende Lippen weisen oft darauf hin, dass die betreffende Person unter mangelndem Selbstvertrauen leidet oder von negativen Gedanken, Angst oder Besorgnis geplagt wird. Wenn wir uns mit Problemen auseinandersetzen oder unter Stress stehen, ziehen wir oft die Lippen zu schmalen Streifen zusammen.

147. **Lippen zusammenpressen** – Im Laufe eines jeden Tages pressen wir wiederholt die Lippen zusammen: sobald ein negatives Ereignis eintritt, uns unangenehme Gedanken durch den Kopf gehen oder wir uns Sorgen machen. Diese Mimik spiegelt, wenn auch noch so flüchtig, stets akkurat unsere Gefühlslage wider. Die Intensität variiert von einem sachten, kaum wahrnehmbaren Zusammenpressen bis zu großem Druck, bei dem die Lippen blutleer wer-

den und ihre Farbe verändern. Das Zusammenpressen der Lippen dauert oft nur eine 20stel-Sekunde lang und ist dennoch ein sicheres Anzeichen dafür, dass gerade ein negatives Gefühl in uns aufsteigt.

148. **Leichtes Zusammenpressen der Lippen** – Durch ein leichtes Zusammenpressen der Lippen signalisieren wir anderen, dass ihr Verhalten bei uns Unmut auslöst. Anders als bei der oben beschriebenen Variante ist hier oft nur die Oberlippe aktiv. Auch ein leichtes Zusammenpressen der Lippen kann aufschlussreich sein, wenn man bei der Analyse die gesamte Körpersprache der betreffenden Person berücksichtigt.

149. **Einziehen der Oberlippe bei zusammengepressten Lippen** – Diese Mimik lässt sich beobachten, wenn jemandem bewusst wird, dass er einen Fehler gemacht hat, oder wenn jemand bei einem Vergehen ertappt wird. Die Lippen werden zusammengepresst und durch Kontraktion der Muskeln, die den Mund umgeben, leicht nach unten gezogen. Die Oberlippe bewegt sich dadurch von der Nase weg und wird ein Stück weit zwischen die Zähne gezogen.

150. **Ausdauerndes Zusammenpressen der Lippen** – Hält eine Person über lange Zeit ihre Lippen zusammengepresst, ist dies ein Zeichen von großem Stress oder tiefer Besorgnis. Ähnlich wie das Bedecken der Augen mit den Händen dient diese Mimik dazu, »die Schotten dicht zu machen« und einen negativen Reiz auszublenden. Je mehr wir unter Anspannung stehen und je größer unser Unbehagen ist, umso mehr steigt unser Bedürfnis, die Lippen zusammenzupressen.

151. Lippen zwischen die Zähne ziehen – Große Angst oder tiefe Besorgnis können uns dazu veranlassen, die Lippen weit zwischen die Zähne zu ziehen, sodass das Lippenrot kaum noch sichtbar ist. Diese Mimik unterscheidet sich vom Zusammenpressen (siehe Nr. 147), bei dem das Lippenrot erkennbar bleibt. Sie ist meist nur zu beobachten, wenn ein Mensch unter großem Stress steht, starke Schmerzen empfindet oder bis ins Innerste aufgewühlt ist.

152. Zuckende Lippen – Sofern es nicht durch Alkohol oder eine neurologische Erkrankung ausgelöst wird, ist auch das sachteste Zucken der Lippen im Bereich der Mundwinkel Zeichen von Unbehagen, Besorgnis, Furcht oder anderen negativen Gefühlszuständen. Es ist häufig bei Jugendlichen zu beobachten, die von ihren Eltern oder anderen Autoritätspersonen über ihr Handeln zur Rechenschaft gezogen werden, aber auch bei Menschen, die nichts Unrechtes getan haben und sich zum ersten Mal mit Fragen von Polizeibeamten konfrontiert sehen. Von im Personalwesen Tätigen habe ich erfahren, dass ein Zucken der Lippen bei jungen Mitarbeitern nicht unüblich ist, wenn sie gefragt werden, ob sie illegale Drogen konsumieren.

153. Zusammengepresste, nach unten gezogene Lippen – Werden die Lippen zusammengepresst und die Mundwinkel nach unten gezogen, ist dies Anzeichen für eine äußerst negative Gefühlslage. Diese Mimik lässt auf großen Stress oder ausgeprägtes Unbehagen schließen. Da sie sich kaum bewusst erzeugen lässt, ist sie ein authentischer und akkurater Spiegel des Befindens einer Person. Lediglich bei Menschen, die von Natur aus nach unten weisende Mundwinkel besitzen, trägt die Interpretation in

Richtung Stress oft nicht. Diese Mimik unterscheidet sich von einem traurigen Mund (siehe Nr. 156) insofern, als die Lippen fest zusammengepresst werden.

154. **Lippen schürzen** – Indem wir die Lippen leicht nach vorn schieben und kräuseln, signalisieren wir, dass wir einer eben gehörten Aussage nicht zustimmen oder nach einem Gegenvorschlag suchen. Bei Versammlungen wird diese Mimik oft von Zuhörern gezeigt, die den vom Redner vertretenen Standpunkt nicht teilen oder wissen, dass die vorgebrachte Behauptung falsch ist. Je weiter die Lippen nach vorn geschoben werden, umso intensiver ist das negative Gefühl. Diese äußerst zuverlässig auf die Stimmungslage einer Person verweisende Mimik ist auch bei Pokerspielern zu beobachten, die mit ihren Hole Cards unzufrieden sind.

155. **Geschürzte Lippen zur Seite ziehen** – Diese Mimik ähnelt dem oben beschriebenen Schürzen der Lippen, allerdings werden die Lippen zusätzlich nach rechts oder links gezogen. Der Gesichtsausdruck ändert sich dadurch eklatant. Meist dauert die mimische Geste nicht lang an, bei einem ausgeprägten Gefühl des Protests werden die Lippen jedoch oft einige Sekunden lang in der seitlichen Position gehalten. Diese Mimik kommuniziert als eindrückliches Signal die Botschaft: »Mir gefällt die an mich gerichtete Frage/die eben gehörte Äußerung/die Richtung, die dieses Geschehen nimmt, überhaupt nicht.« Je deutlicher diese Mimik in Erscheinung tritt beziehungsweise je länger die seitliche Position der Lippen gehalten wird, umso intensiver ist das negative Gefühl. Im Strafprozess gegen O. J. Simpson war diese Mimik bei dem Zeugen Kato Kaelin eindrucksvoll zu beobachten. Die Kunstturnerin McKayla

Maroney zeigte sie bei den Olympischen Sommerspielen 2012 als Reaktion auf die Tatsache, dass sie beim Einzelwettbewerb am Sprung nur die Silbermedaille gewann.

156. Trauriger Mund – Wie an den Augen lässt sich auch am Mund der Gefühlszustand eines Menschen oft exakt ablesen. Traurigkeit äußert sich meist durch leicht nach unten gezogene Mundwinkel, begleitet von gesenkten Augenlidern. Bei Menschen, die von Natur aus nach unten weisende Mundwinkel besitzen, trägt eine Interpretation als Ausdruck von Traurigkeit allerdings oft nicht.

157. »O« – Auf Entsetzen oder Schmerz reagieren wir oft mit einem unwillkürlichen Runden der Lippen. Die genauen Hintergründe dieses Verhaltens sind nicht bekannt, es handelt sich jedoch um ein vom kulturellen Kontext unabhängiges, universelles Verhalten. Da diese Mimik auch bei Menschenaffen zu beobachten ist, ist eine Klassifizierung als rudimentäres Verhalten (in früheren Phasen der Evolution überlebenswichtiges, heute aber in seiner ursprünglichen Funktion obsoletes Verhalten) naheliegend. Edvard Munchs *Der Schrei* ist die bekannteste bildliche Darstellung dieser Mimik.

158. Geöffneter Mund mit zur Seite gezogenem Unterkiefer – Wie das Herabsenken des Kiefers (siehe Nr. 179) ist diese Mimik typisch für Situationen, in denen Menschen sich eines Fehlers bewusst werden. Ein Mundwinkel wird nach hinten gezogen, sodass sich auch der Unterkiefer zur Seite bewegt. Manchmal wird zusätzlich deutlich hörbar Luft eingesaugt. Da der Mund leicht geöffnet ist, ist die untere Reihe der zusammengebissenen Zähne sichtbar.

Studenten zeigen diese Mimik oft, wenn sie eine Frage falsch beantworten, obwohl sie die Lösung eigentlich kennen. Im Arbeitsleben ist sie bei Mitarbeitern zu beobachten, die bemerken, dass sie vergessen haben, eine Aufgabe zu erledigen.

159. Lächeln – Mit einem aufrichtigen Lächeln kommunizieren wir unmittelbar und unmissverständlich Freundlichkeit und Wohlwollen. Lächeln sorgt auf der ganzen Welt in zwischenmenschlichen Beziehungen für Wärme und Harmonie. Einen Menschen – und vor allem Babys – lächeln zu sehen, bereitet uns Freude. Im familiären Kreis, bei der Partnersuche und im beruflichen Umfeld erobert Lächeln Herzen und öffnet viele Türen. Es gibt viele verschiedene Arten zu lächeln: Personen, die uns nicht näher bekannt sind, begrüßen wir mit einem höflichen Lächeln. Prüfungskandidaten zeigen ein angespanntes Lächeln. Mit einem falschen Lächeln werden wir von Menschen bedacht, die uns nicht mögen oder die versuchen, entspannt zu wirken.

160. Echtes Lächeln – Ein echtes Lächeln wird durch Spannung der Muskeln erzeugt, die sich an den Mundwinkeln und um die Augen befinden. Es wird – nach dem französischen Wissenschaftler Guillaume-Benjamin Duchenne, der erstmals zwischen echtem und gestelltem Lächeln unterschied – Duchenne-Lächeln genannt. Da bei einem echten Lächeln die Bewegung der Muskeln durch aufrichtige Freude motiviert ist, ist der Gesichtsausdruck entspannt. Studien belegen, dass ein echtes Lächeln im privaten wie im beruflichen Umfeld ansteckend wirken kann und dass wir es mit charismatischen Menschen assoziieren.

161. Gestelltes Lächeln – Wie ein nervöses Lächeln dient ein gestelltes Lächeln dazu, anderen vorzutäuschen, dass alles in Ordnung sei. Es lässt sich meist intuitiv von einem echten Lächeln unterscheiden. Ein gestelltes Lächeln wirkt oft schief, da es sich nur über eine Seite des Gesichts erstreckt. Außerdem breitet es sich oft eher Richtung Ohren als zu den Augen hin aus. Ein gestelltes Lächeln wirkt künstlich. Ein echtes Lächeln schließt die Augenpartie ein und breitet sich gleichmäßig über das Gesicht aus.

162. Nervöses Lächeln – Ein nervöses Lächeln ist Ausdruck von Ängstlichkeit, Besorgnis oder innerer Anspannung. Es dient dazu, anderen vorzutäuschen, dass alles in Ordnung sei. An amerikanischen Flughäfen sieht man viele Besucher bei der Zollabwicklung nervös lächeln – die Befragungen durch die Beamten lassen diese Art Lächeln über das Gesicht der Reisenden huschen.

163. Lächeln als Gefühlsbarometer – Lächeln spiegelt den Gefühlszustand eines Menschen sehr genau wider. Studien belegen, dass Leistungssportler jeweils eine andere Art zu lächeln zeigen, wenn sie den ersten, den zweiten oder den dritten Platz belegen. Interessanterweise trifft diese Beobachtung auch auf von Geburt an blinde Athleten zu, die noch nie ein Lächeln im Gesicht eines anderen Menschen gesehen haben. Auch bei ihnen spiegelt das Lächeln Triumph oder Niederlage. Lächeln ist ein weiterer Beweis dafür, dass viele Verhaltensweisen, mit denen wir nonverbale Signale senden, angeboren sind.

164. Mundwinkel kräuseln – Wird ein Mundwinkel zusammengepresst und leicht nach hinten oder nach oben gezogen, ist dies Ausdruck von Selbstgefälligkeit, Geringschätzung, Missfallen, Skepsis oder Verachtung. Offenkundige Verachtung wird durch eine übertrieben deutliche Ausprägung dieser Mimik signalisiert, die jeden Zweifel an der Authentizität des kommunizierten Gefühls ausschließt. In der Regel wird nur ein Mundwinkel gekräuselt. Manche Menschen zeigen diese Mimik jedoch beidseitig, die Botschaft ist die gleiche.

165. Hochziehen der Oberlippe – Das einseitige, leichte Anheben der Oberlippe ist als Ausdruck von Ekel, Abneigung, Geringschätzung oder Missfallen zu verstehen. Ein ausgeprägt negatives Empfinden äußert sich in einer deutlich wahrnehmbaren Aufwärtsbewegung, bei der sich die Oberlippe unterhalb der Nase kräuselt und – wie beim Knurren eines Hundes – der Blick auf die Zähne frei wird. Das Hochziehen der Oberlippe in dieser Form ist Ausdruck von tiefer Abneigung oder Abscheu.

166. Massieren der Oberlippe mit der Zunge – Manche Menschen signalisieren eine positive Gefühlslage, indem sie mit ihrer Zunge schnell auf der Oberlippe hin- und herfahren. Da sich diese Ausdrucksform entgegen der Schwerkraft äußert (die Zunge wird nach oben bewegt), liegt ihr in der Regel ein angenehmes Gefühl zugrunde. Sie unterscheidet sich damit vom als Stressanzeichen zu wertenden Lippenlecken, bei dem mit der Zunge üblicherweise über die Unterlippe gestrichen wird. Wie bei allen nonverbalen Signalen gibt es auch hier Abweichungen von der Norm: Da manchen Menschen das Massieren der Oberlippe mit der Zunge zum Abbau von Stress dient, ist bei der Interpretation dieser Mimik auf weitere Facetten der Körpersprache zu achten.

WANGEN UND UNTERKIEFER

Viele halten die Wangen für einen motorisch unauffälligen Teil des Gesichts und messen dem Unterkiefer lediglich Bedeutung zu, weil er zum Kauen und Sprechen dient. Für das Studium der Körpersprache erscheinen ihnen diese Gesichtspartien irrelevant. Kinn und Wangen verleihen unserem Gesicht jedoch seinen einzigartigen Charakter. Ein kräftiger Kiefer unterstützt unseren Eindruck von einem Menschen als Führungsperson. In der Modebranche sind Models mit hohen Wangenknochen gefragt. Wir schminken unsere Wangen, um attraktiver zu wirken. Ein Bart entlang des Unterkiefers soll ein Gesicht größer wirken lassen – auf diese Intention ging auch die von Abraham Lincoln gezeigte Barttracht zurück. Ob vor Aufregung oder aus Verlegenheit gerötete Wangen oder ein Hin-und-her-Bewegen des Unterkiefers als Zeichen der Unsicherheit – diese beiden Gesichtspartien geben Aufschluss über unsere Befindlichkeit und sollten bei einer Analyse der Körpersprache nicht außer Acht gelassen werden.

167. Motorische Tics – Unwillkürliche Muskelkontraktionen können überall im Gesicht auftreten – an den Wangen, an den Mundwinkeln, um die Augen, an der Stirn. Sie sind individuell verschieden. Ein nervöses Zucken im Gesicht einer Person ist oft Anzeichen von Anspannung oder Furcht. Motorische Tics treten häufig im Bereich der Wangen auf, die von miteinander verbundenen Muskeln durchzogenen sind.

168. Wangen eindrücken – Um durch das Tastempfinden Stress abzubauen, drücken manche Menschen fest mit den Fingerspitzen in eine ihrer Wangen. Dadurch entstehen Dellen in der Haut, die – je nachdem, wie viel Druck ausgeübt wird – deutlich sichtbar sein können. Bei Sportveranstaltungen ist dieses Verhalten oft bei Fans zu beobachten, deren Mannschaft im Rückstand liegt. Das Eindrücken der Wangen kann beidseitig oder einseitig mit allen Fingern der Hand oder einzelnen Fingern erfolgen. Manchmal wird dabei gleichzeitig zwischen Daumen und Zeige- oder Mittelfinger ein Stück Haut zusammengepresst.

169. Massieren der Wangen oder anderer Gesichtspartien – Das üblicherweise mit sanften Bewegungen ausgeführte Massieren der Wangen oder anderer Gesichtspartien ist eine wirksame Methode zum Abbau von Stress. Es ist aber auch bei Personen zu beobachten, die in Gedanken versunken sind. Um zu einer korrekten Interpretation dieses Verhaltens zu gelangen, ist auf weitere nonverbale Signale zu achten.

170. Rhythmisch auf die Wangen klopfen – Wer mit allen Fingern einer Hand nacheinander auf seine Wange klopft, signalisiert Langeweile und den Wunsch, dass etwas vorangeht. Bei der Interpretation dieses Verhaltens sollte man auf zusätzliche Signale wie einen gelangweilten Blick oder eine unruhige Veränderung der Sitzposition achten.

171. **Zeigefinger auf die Wange legen** – Bei dieser üblicherweise mit einer Hand ausgeführten Geste wird das Kinn auf den Daumen gestützt und der Zeigefinger ausgestreckt auf die Wange gelegt. Diese Körperhaltung signalisiert, dass jemand nachdenkt oder sich zumindest den Anschein geben möchte, in Gedanken versunken zu sein. Manche Menschen zeigen dieses Verhalten, wenn sie die Aussage eines Sprechers anzweifeln, anderen dient es als Konzentrationshilfe. Beim Flirten eignet sich diese Geste hervorragend, um jemandem aus der Ferne Interesse zu signalisieren.

172. **Wangen aufblasen** – Das Aufblasen der Wangen ohne Ausatmen ist oft Zeichen von Bedenken, Behutsamkeit oder Vorsicht. Dieses Verhalten lässt sich häufig bei Menschen beobachten, die sich unsicher sind, was als Nächstes zu tun ist, oder einem Vorhaben mit Scheu entgegensehen. Häufig wird diese Mimik für längere Zeit aufrechterhalten, während die betreffende Person nach einer Lösung für ein Problem sucht.

173. **Verstohlenes Berühren einer Wange** – Wer sich flüchtig mit dem Zeigefinger über die Wange streicht, ist bemüht, andere nicht merken zu lassen, dass er sich gerade zum Stressabbau einer Beruhigungsgeste bedient. Das möglichst unauffällige Ausführen einer Beruhigungsgeste dient dazu, Unsicherheit, Sorge oder Ängstlichkeit zu verbergen. Auch ein verstohlenes Berühren der Nase folgt dieser Mo-

tivation. Menschen in Fernsehinterviews und Pokerspieler streichen sich häufig diskret über die Wange.

174. An der Wange kratzen – Wer sich mit den Fingerspitzen über die Wange reibt, bedient sich aus Unsicherheit oder Zweifel einer Beruhigungsgeste. Die meist mit vier Fingern ausgeführte kratzende Bewegung ist kräftiger als das verstohlene Berühren der Wange. Sie signalisiert Bedenken, Zögern, Bestürzung oder Verunsicherung. Das unauffällige Streichen mit dem Finger über die Wange gibt aufgrund seiner versteckten Bedeutung den Gefühlszustand eines Menschen allerdings zuverlässiger wieder.

175. Am Mundwinkel ziehen – Mit den Fingern die Haut an den Mundwinkeln zusammenzudrücken oder daran zu ziehen, dient dem Abbau von Stress. Dieses Verhalten ist selten bei Menschen zu beobachten, die entspannt und zufrieden sind. Es unterscheidet sich insofern vom Eindrücken der Wange (siehe Nr. 168), als dabei eine Hautpartie der Wange zwischen Daumen und Zeigefinger genommen und Richtung Mundwinkel gezogen wird. Manchmal setzt sich die ziehende Bewegung über eine oder beide Lippen fort.

176. Über die Wangen reiben – Nicht selten lässt sich bei Menschen, die unter großem Stress stehen, beobachten, dass sie ihre Hände an die Wangen legen und nach unten ziehen, als würden sie sich das Gesicht abwischen. Üblicherweise setzt die Bewegung unterhalb des Ohres an und endet nahe dem Unterkiefer. Je langsamer die Bewegung erfolgt und je mehr Druck dabei ausgeübt wird, umso größer ist das Stressempfinden. Ich habe Börsenmakler dieses Verhalten zeigen sehen, wenn nach einem schlechten Handelstag die Schlussglocke ertönte. Auch bei Sportfans, deren Mannschaft in letzter Sekunde verliert, konnte ich es beobachten.

177. **Anspannen der Kiefermuskeln** – Beunruhigung, Empörung und Angst führen oft zu einem Anspannen der Kiefermuskeln nahe den Ohren. In stressbelasteten, von Aggression oder Auflehnung geprägten Situationen ist dieses Verhalten häufig zu beobachten.

178. **Seitliche Kieferbewegung** – Den Kiefer leicht zur Seite zu schieben oder schnell hin- und herzubewegen, dient der Beruhigung. Manche Menschen üben dieses Verhalten zwanghaft aus. Um beurteilen zu können, ob es wirklich auf seelische Anspannung hinweist, muss deshalb darauf geachtet werden, in welchen Situationen und wie häufig eine Person dieses Verhalten zeigt. Außerdem sind weitere Facetten der Körpersprache einzubeziehen. Da die meisten Menschen dieses Verhalten jedoch nur selten zeigen, lässt es in der Regel eine Interpretation als Beruhigungsgeste zu.

179. **Herabsenken des Kiefers** – Das Aufreißen des Mundes durch rasches Herabsenken des Unterkiefers signalisiert, dass eine Person völlig überrascht ist. Es tritt üblicherweise auf, wenn jemand eine schockierende Nachricht erhält oder sich der unangenehmen Konsequenzen eines Ereignisses bewusst wird. Die genauen Hintergründe dieses Verhaltens sind nicht bekannt. Ein schnelles Herabsenken des Unterkiefers ist jedoch in den meisten Fällen ein sicheres Indiz für erschrockenes Erstaunen.

180. **Zuckende Kiefermuskeln** – Ist ein Zucken oder Pulsieren der Kiefermuskeln zu beobachten oder sind die Kiefermuskeln stark angespannt, sodass sie deutlich hervortreten, ist dies als Zeichen von Ungeduld, Nervosität, Besorgnis, Ärger oder niedergeschlagener Stimmung zu werten.

181. **Vorschieben des Unterkiefers** – Wer verärgert ist, schiebt häufig seinen Unterkiefer nach vorn. In Kombination mit gesenkten Augenlidern oder zusammengepressten Lippen kommuniziert dieses Signal das Gefühl von Zorn so eindeutig, dass es sich kaum noch leugnen lässt.

DAS KINN

Klein, niedlich, rund, spitz, eckig, schmal, fliehend, vorstehend, mit Grübchen, Narben oder glatt – die Form eines Kinns ist individuell. Das Kinn ist ein einzigartiges Merkmal des Menschen, keine andere Spezies weist eine vergleichbare Ausprägung des Unterkiefers auf. Die Gefühle, die wir mithilfe unseres Kinns kommunizieren, reichen von Stolz bis Scham. Mit einem aufmunternden »Kopf hoch!« fordern wir andere auf, das Kinn nach oben weisen zu lassen. US-amerikanische Soldaten recken, wenn die Flagge gehisst wird, beim Salutieren ihr Kinn empor. Das Kinn gibt Aufschluss über unser Empfinden – es zeigt an, ob wir zuversichtlich, verängstigt, beunruhigt oder erschüttert sind.

182. Nach oben weisendes Kinn – Ein nach vorn oder nach oben weisendes Kinn signalisiert Selbstvertrauen und Zuversicht. In Russland und einigen europäischen Ländern (zum Beispiel in Deutschland, Frankreich und Italien) wird zur Demonstration von Optimismus, Stolz und manchmal auch Arroganz das Kinn besonders weit angehoben.

183. Nach unten weisendes Kinn – Reagiert eine Person auf eine an sie gerichtete Frage mit einem plötzlichen Senken des Kopfes, sodass das Kinn nach unten weist, zeigt dies meist einen Verlust an Selbstvertrauen oder ein Gefühl der Bedrohung. Manche Menschen liefern mit diesem Verhalten ein äußerst zuverlässiges Indiz, da sie ihr Kinn stets abrupt senken, wenn sie schlechte Nachrichten erhalten oder an etwas Unangenehmes denken.

184. Zurückziehen des Kinns – Wenn wir Angst haben, ziehen wir instinktiv unser Kinn so weit wie möglich an unseren Hals heran – eine natürliche Reaktion zum Schutz unserer Halsschlagadern. Dieses Verhalten ist nahezu eindeutig ein Signal von Unsicherheit, Zweifel oder Furcht. Wenn eine Person auf eine Frage mit einem Zurückziehen des Kinns reagiert, ist daraus zu schließen, dass sie mit schwerwiegenden, ungelösten Problemen zu kämpfen hat. Kinder, die wegen eines Fehlverhaltens zur Rede gestellt werden, ziehen häufig zum Ausdruck von Reue ihr Kinn zurück. Auch viele Erwachsene zeigen durch dieses Verhalten Schuldbewusstsein an.

185. Verstecken des Kinns – Üblicherweise bedienen sich Kinder dieses Verhaltens, um Verlegenheit zu verbergen oder Unzufriedenheit und Unmut zu signalisieren. Sie senken ihr Kinn, verschränken dabei oft gleichzeitig die Arme und verharren jeder Aufmunterung zum Trotz für längere Zeit in dieser Körperhaltung. Bei Erwachsenen lässt sich dieses Verhalten vor allem bei Männern beobachten, die sich zornig oder sogar laut miteinander streitend von Angesicht zu Angesicht gegenüberstehen. Bei ihnen erfüllt das Senken des Kinns die Funktion, den Hals im Falle eines tätlichen Angriffs zu schützen.

186. Herabsenken des Kinns und hängende Schultern – Auch dieses Verhalten ist Eltern bestens vertraut. Kinder, die mit hängenden Schultern ihr Kinn zum Brustbein senken, kommunizieren: »Ich will nicht.« Verschränkt das Kind zusätzlich die Arme, signalisiert es seine Weigerung noch deutlicher.

187. Berühren des Kinns – Viele Menschen berühren, üblicherweise mit den Fingerspitzen, ihr Kinn, während sie nachdenken oder Pro und Kontra einer Sache abwägen. Dieses Verhalten signalisiert nicht notwendigerweise Zweifel, liefert aber dennoch einen interessanten Hinweis. Wird das Berühren des Kinns von weiteren nonverbalen Signalen wie dem Zusammenkneifen der Lippen begleitet, liegt nahe, dass die betreffende Person über etwas Negatives nachdenkt oder – während einer Diskussion – nach einem Alternativvorschlag sucht.

188. Mit dem Handrücken über das Kinn streichen – In vielen Kulturkreisen signalisiert diese Geste Zweifel an einer eben gehörten Äußerung. Das Streichen kann seitwärts oder vom Unterkiefer Richtung Unterlippe erfolgen. Manchmal werden zusätzlich die Lippen geschürzt.

189. Abstützen des Kinns – Wenn wir beobachten, dass eine Person mit entspannten Gesichtszügen ihr Kinn auf die Handfläche stützt, ist dies als Zeichen von Langeweile zu deuten. Im Rahmen des Gesetzesvollzugs ist diese Ausdrucksform, je nach Kontext, auf unterschiedlichste Weise zu interpretieren. Bei Verhören habe ich Personen, die eines Verbrechens schuldig waren, mit dieser Körperhaltung gesehen, während sie allein in einem Raum saßen: Sie heuchelten den beobachtenden Beamten vor, völlig harmlos, ja sogar gelangweilt zu sein.

190. Abstützen des Kinns (Verärgerung) – Das Kinn wird auf die Fingerknöchel der zur Faust geballten Hände gestützt und die Ellenbogen ruhen ein Stück voneinander entfernt auf dem Tisch, während der Blick starr in die Ferne oder auf einen Computerbildschirm gerichtet ist. Meist tritt zusätzlich ein Stirnrunzeln auf und die Augen sind leicht zusammengekniffen. Diese Körperhaltung zeigt an, dass die Person über einen schwierigen Sachverhalt nachdenkt oder verärgert ist. Wenn wir sie bei einem Menschen beobachten, ist es ratsam, ihn nicht zu stören.

191. Hin-und-her-Bewegen des Kinns – Das Hin-und-her-Bewegen des Kinns auf der Handinnenfläche ist ein unbewusst zum Zeichen des Widerspruchs ausgeführtes Verhalten. Ich habe es häufig bei Konferenzen beobachtet: Indem sie ihr auf die Hand gestütztes Kinn von links nach rechts bewegten, signalisierten manche Teilnehmer schweigend, dass sie mit dem soeben Gehörten nicht einverstanden waren.

192. Bart/Schnurrbart streicheln – Das Streicheln des eigenen Barts oder Schnurrbarts ist für viele Männer ein effizientes Mittel zum Abbau von Stress. Beobachtet man diese Geste ständig bei einer Person, ist sie – wie alle repetitiven Verhaltensweisen – bei der Interpretation der Körpersprache zu vernachlässigen: Manche Männer streicheln nahezu zwanghaft in allen möglichen Situationen ihren Bart. Nimmt man diese Geste jedoch zum ersten Mal bei einem Menschen wahr oder bemerkt, nachdem ein bestimmtes Thema angeschnitten wurde, ein wiederholtes Auftreten, liegt der Verdacht auf einen seelischen Konflikt nahe. Auch der kulturelle Kontext ist zu berücksichtigen: Im Nahen Osten ist es üblich, dass Männer während eines Gesprächs ihren Bart streicheln. Auch andernorts bedienen sich Männer häufig dieser beruhigenden Geste, während sie mit Bekannten plaudern.

193. **Faltenbildung am Kinn** – Wenn wir gestresst oder aufgewühlt sind oder wenn wir kurz davor stehen, in Tränen auszubrechen, legt sich unser Kinn in Falten. Selbst Menschen, die ansonsten eine stoische Gelassenheit an den Tag legen, können dieses Mimik nicht vermeiden.

194. **Zittern des Kinnmuskels** – Ein plötzlich einsetzendes Zittern des Kinnmuskels ist ein Zeichen von Furcht, Besorgnis, Unbehagen oder Verunsicherung. Auch bei Menschen, die kurz davor sind, in Tränen auszubrechen, ist es zu beobachten. Laut Dr. David Givens zählt der am Kinn verlaufende *Musculus mentalis*, der das an der Hautoberfläche wahrnehmbare Zittern verursacht, zu den Muskeln, die die Gefühle eines Menschen am unmittelbarsten widergeben. Oftmals verrät das Kinn noch vor den Augen, dass jemand von seinen Gefühlen überwältigt wird.

195. **Kinn an die Schulter legen** – Bei Menschen, die verletzlich oder schüchtern sind, lässt sich dieses Verhalten häufig beobachten: Sie legen – auf kindliche Art – mit scheuem Blick ihr Kinn an die Schulter. Diese Körperhaltung ist

vor allem dann bemerkenswert, wenn sie auftritt, während eine Frage beantwortet wird: In der Regel lässt sich daraus schließen, dass es der betreffenden Person schwerfällt, über das aktuelle Thema zu sprechen – unter Umständen, weil sie Informationen besitzt, die sie nicht preisgeben möchte.

196. Mit dem Kinn die Richtung anzeigen – In vielen Kulturkreisen ist es üblich, durch Vorstrecken des Kinns in eine bestimmte Richtung zu deuten und anderen den Weg zu weisen. Dieses Verhalten ist gleichbedeutend mit dem Ausstrecken des Zeigefingers. Es ist in der Karibik, in Lateinamerika, in Teilen Spaniens, im Nahen Osten und in vielen Indianerreservaten der USA verbreitet.

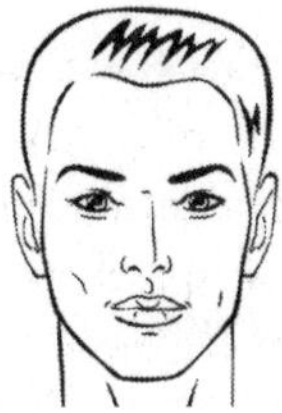

DAS GESICHT

In den vorangegangenen Kapiteln habe ich Elemente der Körpersprache vorgestellt, die Teile des Gesichts betreffen. Bei einigen nonverbalen Signalen jedoch spielt der gesamte Gesichtsausdruck eine Rolle. Der Mensch hat im Laufe der Evolution gelernt, die Gesichter anderer zu lesen. Unsere Aufmerksamkeit gilt dabei vor allem den Augen und dem Mund. Wenn wir einen Menschen ansehen, den wir mögen, pendelt unser Blick üblicherweise zwischen seinen Augen und seinem Mund hin und her, da uns diese beiden Teile seines Gesichts viel verraten. Mütter und Babys sehen sich immer wieder an, um sich die Gesichtszüge einzuprägen, um Gefühle abzulesen und um eine tiefe Verbindung herzustellen. Nichts anderes tun Verliebte, die sich in einem Café schweigend ansehen. Gesichter üben eine immense Faszination auf uns aus. Die Beschreibungen der *Mona Lisa* umfassen unzählige Seiten, da ihr Gesichtsausdruck unergründlich scheint. Gesichter wecken stets unsere Neugier. Sie verzaubern uns, wenn wir in ihnen etwas Besonderes entdecken. Da sie Gefühle und Gedanken kommunizieren, studieren wir unser Leben lang die Gesichter unserer Mitmenschen. Die Griechen beschrieben Helena von Troja als »das Gesicht, das tausend Schiffe in Bewegung setzte«. Sie prägten damit nicht nur eine eindrucksvolle Metapher für die Schönheit Helenas, sondern auch für die Macht, die ein Antlitz auf uns ausüben kann.

197. **Abwenden des Gesichts** – Manchmal meiden wir den Kontakt von Angesicht zu Angesicht, selbst wenn wir uns in räumlicher Nähe zu einem anderen Menschen befinden. Die Gründe dafür sind vielfältig. Vor Gericht lässt sich dieses Verhalten häufig zwischen Opfer und Angeklagtem oder zwischen Eheleuten bei einer Scheidung beobachten. Erkennbar ist dieses Verhalten an rasch wechselnden Körperhaltungen, der Blickrichtung der betreffenden Person oder dem Verharren in einer Sitzposition, bei der das Gesicht starr in eine Richtung weist.

198. **Bedecken des Gesichts** – Bei diesem Verhalten werden die Ellenbogen auf dem Tisch abgesetzt und das Gesicht mit beiden Händen bedeckt. Wird eine Frage gestellt, spitzt die Person entweder an den Händen vorbei oder spricht in die Handflächen hinein. Die Geste dient Menschen dazu, sich abzuschirmen – wenn sie unter Stress stehen, wenn es ihnen an Selbstvertrauen mangelt oder wenn sie Abneigung gegen ihren Gesprächspartner empfinden. Die Hände fungieren als psychologische Barriere. Widerstrebt es jemandem, sein Gesicht zu zeigen, ist dies ein deutliches Anzeichen für einen inneren Konflikt.

199. **Verstecken des Gesichts** – Das Verhalten, aus Scham, Verlegenheit, Furcht oder Unsicherheit das Gesicht hinter den Händen oder auf Kopfhöhe angehobenen Gegenständen zu verbergen, lässt sich überall auf der Welt beobachten. Personen, die nach ihrer Verhaftung zu einem

Polizeiwagen geführt werden, verstecken ihr Gesicht oft in Kapuzen oder anderen Kleidungsstücken.

200. **Emotionale Asymmetrie des Gesichts** – Jüngste Forschungen haben ergeben, dass der Gesichtsausdruck eines Menschen mehrere Gefühle gleichzeitig kommunizieren kann. Wir können Spott und Verachtung zeigen, während wir zugleich höflich lächeln. Erkennen wir in der Mimik einer Person widersprüchliche Signale, können wir mit größter Wahrscheinlichkeit davon ausgehen, dass hier miteinander konkurrierende Gefühle in die Gesichtszüge »durchsickern«. Meinen Beobachtungen zufolge werden vor allem negative Gefühle von der linken Gesichtshälfte (also für den Beobachter rechts) verlässlicher angezeigt. Das Phänomen, dass unsere beiden Gesichtshälften unterschiedliche Emotionen kommunizieren können, wird als »Chiralität« bezeichnet.

201. **Widersprüchlicher Gesichtsausdruck** – Eine fehlende Übereinstimmung zwischen der verbalen Äußerung und dem Gesichtsausdruck eines Menschen ist kein seltenes Phänomen. Oft wird während des Sprechens gleichzeitig durch die Mimik eine andere Botschaft kommuniziert. Wer sich beispielsweise aufgrund eines gesellschaftlichen Anlasses gezwungen sieht, Höflichkeiten auszutauschen oder Komplimente zu machen, verrät oft durch einen angespannten Gesichtsausdruck seine wahren Gefühle – zum Beispiel Abneigung oder Unbehagen.

202. **Aus der Menge herausstechender Gesichtsausdruck** – Während meiner Zusammenarbeit mit dem United States Secret Service und mehreren privaten Unternehmen in

Belangen des Personenschutzes habe ich die Erfahrung gemacht, dass es sich lohnt, diejenigen im Auge zu behalten, die innerhalb einer Gruppe von Menschen einen abweichenden Gesichtsausdruck zeigen – diejenigen beispielsweise, die zornig blicken, während die anderen fröhlich sind, oder die regungslos bleiben, während die Umstehenden ihrer Stimmung Ausdruck verleihen. Mitarbeiter von Fluggesellschaften haben mir Ähnliches berichtet: Oft machen die Passagiere am Check-in-Schalter Probleme, die in der Warteschlange durch einen von den anderen Reisenden emotional abweichenden Gesichtsausdruck auffallen.

203. Außergewöhnliche Gelassenheit – Dieses oft als »narzisstische Gelassenheit« bezeichnete Verhalten zeichnet sich dadurch aus, dass eine Person in einer Situation, die üblicherweise von emotionalem Aufruhr geprägt ist, einen seltsam ruhigen und abgeklärten Gesichtsausdruck zeigt. Lee Harvey Oswald, der mutmaßliche Mörder des US-Präsidenten John F. Kennedy; Timothy McVeigh, der einen der schwersten Terroranschläge in den USA verübte; und der Finanzbetrüger Bernie Madoff zeigten trotz des horrenden Ausmaßes ihrer Verbrechen bei ihren Verhaftungen diesen merkwürdigen stoischen Gesichtsausdruck.

204. Verräterisches Lächeln – Das von dem Anthropologen Dr. Paul Ekman als »Duping Delight« bezeichnete Verhalten besteht in einem leichten Lächeln oder Grinsen, das Personen zeigen, wenn ihr Betrug oder ihr Verbrechen unbemerkt geblieben ist. Es ähnelt der außergewöhnlichen Gelassenheit (siehe Nr. 203) und ist auch bei Menschen zu beobachten, die andere überlistet haben oder davon ausgehen, dass man ihren Lügen Glauben schenkt. Diese Mimik äußert sich in Form eines angeberischen Lächelns auch in Situationen, in denen Bescheidenheit, Ernsthaftigkeit oder Reue angebracht wäre.

205. **Berühren des Gesichts** – Das Berühren des eigenen Gesichts erfüllt viele Funktionen. Es kann in verführerischer Absicht geschehen – die Cover von Zeitschriften zieren oft Models, die ihr Gesicht mit der Hand berühren – oder der Beruhigung dienen, da wir dadurch die Nerven in unserem Gesicht stimulieren. Die Interpretation ist kontextabhängig.

DER HALS

Der Hals ist der verletzlichste Teil unseres Körpers. Nahrung, Blut, Wasser, Luft, körpereigene elektrische Signale, Hormone – alles, was für unser Überleben wichtig ist, durchläuft unseren Hals. Er besteht aus mehreren miteinander verbunden Muskelschichten, die unseren Kopf in aufrechter Position halten. Der Wirbelkanal, in dem sich das Rückenmark befindet, reicht bis zum ersten Halswirbel hinauf. Die großen Adern und Venen, die den Hals durchziehen, versorgen unser Gehirn mit Blut.

Dem Hals kommen somit viele lebenswichtige Funktionen zu. Bei der Analyse der Körpersprache eines Menschen wird er allerdings selten berücksichtigt, obwohl bekannt ist, dass wir über den Hals nonverbale Signale senden, die bekunden, ob wir einer Idee oder einem anderen Menschen wohlwollend, interessiert und aufgeschlossen gegenüberstehen. Wir berühren unseren Hals, wir umhüllen ihn wärmend oder kühlen ihn und verraten durch diese und andere Verhaltensweisen, was wir denken oder fühlen. Unser Hals ist außerdem für sinnliche Berührungen äußerst empfänglich – selbst zarteste Liebkosungen und den warmen Atem eines anderen spüren wir am Hals sofort.

206. **Berühren des Halses** – Nicht nur Juckreiz veranlasst uns dazu, die Hand zum Hals zu führen: Das Berühren des Halses ist ein zuverlässiges Indiz für Verunsicherung, Verängstigung, Besorgnis oder einen inneren Konflikt. Wenn uns etwas stört oder beunruhigt, neigen wir sofort dazu, unseren Hals zu berühren, und sei es nur äußerst sachte. Bei der Interpretation von nonverbalen Signalen wird das Berühren des Halses – in seinen verschiedenen Formen – meist außer Acht gelassen. Es ist jedoch eines der sichersten Anzeichen für einen angespannten Gefühlszustand.

207. **Bedecken der Drosselgrube** – Das Berühren oder Bedecken der Drosselgrube (*Fossa jugularis*), der kleinen Vertiefung im vorderen Halsbereich zwischen den beiden Schlüsselbeinen, deutet auf Bedenken, Besorgnis, einen inneren Konflikt, Unsicherheit oder Angst hin. Männer bedecken diese sensible Körperstelle meist mit einer energischen Bewegung, indem sie ihre ganze Hand an die Kehle legen, während sie den Sitz ihrer Krawatte oder ihres Hemdkragens korrigieren. Frauen berühren diesen Halsbereich häufiger als Männer, jedoch sachter und meist nur mit den Fingerspitzen. Unabhängig von der Intensität lässt ein Bedecken der verwundbarsten Stelle des menschlichen Körpers stets auf einen Zustand des Unbehagens schließen. Das Verhalten, bei einem Gefühl der Bedrohung den Hals zu bedecken, entwickelte sich vermutlich aus der von unseren Urahnen immer wieder getätigten Beobachtung, dass Großkatzen ihre Beute meist durch einen Biss in den Hals töten. Weitere Informationen finden sich in meinem Buch *Menschen lesen. Ein FBI-Agent erklärt, wie man Körpersprache entschlüsselt.*

208. Berühren des Krawattenknotens – Das Berühren des Krawattenknotens, der die Drosselgrube bedeckt, ist einerseits eine Geste zum Schutz des Halses. Andererseits hilft sie, seelische Anspannung abzubauen. Männer zeigen dieses Verhalten oft in sozialen Konstellationen, die bei ihnen Verlegenheit oder leichte Unbehaglichkeit auslösen. Manche nutzen das Berühren des Krawattenknotens immer wieder als Beruhigungsgeste. Frauen spielen zum Stressabbau häufig mit ihrer Halskette (siehe Nr. 209).

209. Mit der Halskette spielen – Für Frauen erfüllt das Spielen mit der Halskette denselben Zweck wie das Berühren der Drosselgrube: Es dient dem Schutz einer verwundbaren Körperstelle, während durch die wiederholte Bewegung gleichzeitig Stress abgebaut wird.

210. Mit dem Hemdkragen spielen – Wer im Bereich der Kehle seinen Hemdkragen berührt oder damit spielt, bedient sich einer Geste, die auf dreierlei Weise dem Stressabbau und der Beruhigung dient: Die Drosselgrube wird bedeckt, die repetitive Bewegung übt taktile Reize aus und die Haut am Hals wird durch das Wegziehen des Stoffes gekühlt.

211. Massieren des Nackens – Das Massieren des Nackens dient dem Abbau von Stress. Diesem Verhalten wird oft keine Beachtung geschenkt. Tatsächlich aber massieren wir unseren Nacken ausschließlich in Situationen, die von einer seelischen Belastung gekennzeichnet sind.

212. Massieren des Nervus vagus – Der *Nervus vagus* (der »umherschweifende Nerv«) verbindet unser Gehirn mit dem Herzen und fast allen anderen inneren Organen. Wenn wir unter Stress stehen, massieren wir häufig unseren Hals nahe der Stelle, an der der Pulsschlag zu spüren ist. Dieses Verhalten erfüllt eine spezifische Funktion: Durch das Stimulieren des dort liegenden *Nervus vagus* wird der Neurotransmitter Acetylcholin freigesetzt. Dieser Botenstoff wiederum sendet Signale an das Herz, genauer gesagt an den Atrioventrikularknoten, und das sorgt für ein Absinken der Herzschlagfrequenz.

213. An der Haut ziehen – Manche Männer beruhigt es, an der Haut unterhalb des Kinns zu ziehen. Bei großem Stress nimmt dieses Verhalten eine extreme Ausprägung an: Ich habe Männer so heftig an dieser Hautpartie ziehen sehen, dass die Haut weiß und blutleer wurde. Bei Frauen ist diese Beruhigungsgeste selten zu beobachten.

214. Für Abkühlung sorgen – Stress verursacht eine Erwärmung der Haut. Diese physiologische Reaktion wird von unserem autonomen Nervensystem gesteuert und entzieht sich unserer Kontrolle. Die Erwärmung der Haut setzt oft in weniger als einer 250stel-Sekunde ein. Dem unangenehmen Gefühl, das damit verbunden ist, wirken wir entgegen, indem wir uns im Bereich von Kragen und Hals Abkühlung verschaffen. Heftige Diskussionen oder Streit können das Bedürfnis nach Kühlung auslösen, ebenso Kommentare und Äußerungen, die uns verletzen. Der Schauspieler und Komiker Rodney Dangerfield zeigte in dem Film *Wahnsinn ohne Handicap* von 1980 und in seinen Stand-up-Comedys häufig ein der Kühlung des Halses dienendes Verhalten, wenn ihm »kein Respekt entgegengebracht« wurde oder wenn er unter Stress stand.

215. Faust an den Hals legen – Das Platzieren der Faust im Bereich des Halses erfüllt dieselbe Funktion wie das Bedecken der Drosselgrube. Es handelt sich um ein unbewusstes Verhalten, das automatisch bei einem Gefühl der Bedrohung einsetzt. Neben Angst kann auch Besorgnis der Auslöser sein. Zwar bedienen sich überwiegend Männer dieser Geste, ich habe sie jedoch auch schon bei Frauen beobachtet, die extrem unter Stress standen oder mit einem äußerst negativen Sachverhalt konfrontiert wurden. Die geballte Faust wird oft fälschlicherweise als Zeichen von Stärke interpretiert – in diesem Fall ist sie eindeutig Ausdruck von Abwehr, Furcht oder Missfallen.

216. Pulsierende Halsschlagader – Ein Pulsieren der Halsschlagader ist ein Zeichen von Stress oder Furcht. Bei Menschen, die zornig oder verängstigt sind, ist es oft deutlich wahrnehmbar.

217. Schlucken – Deutlich sichtbares und manchmal auch hörbares Schlucken ist eine unwillkürliche Reaktion auf einen Reiz, der Ekel, ein starkes Gefühl der Bedrohung oder extremen Stress auslöst. Es lässt eindeutig auf seelisches Unbehagen schließen. Die Kontraktion der Muskeln beim Schlucken lässt den Adamsapfel merklich auf- und abhüpfen.

218. Dehnen der Nackenmuskulatur – Das Dehnen der Nackenmuskulatur durch eine kreisende Kopfbewegung dient der Beruhigung und dem Abbau von Stress. Dieses Verhalten lässt sich oft bei Menschen beobachten, die eine Frage gestellt bekommen, die sie lieber nicht beantworten würden.

219. Erröten von Hals und Gesicht – Das Erröten ist eine vom autonomen Nervensystem gesteuerte Reaktion. Es lässt sich nicht willentlich unterdrücken. Viele Menschen erröten, wenn sie sich bedroht fühlen oder wenn sie verunsichert sind. In seltenen Fällen ist ein Erröten auch zu beobachten, wenn jemand die Unwahrheit sagt oder bei einer gesetzeswidrigen Handlung ertappt wird. Eine plötzlich auftretende Rötung der Haut im Bereich von Hals und Gesicht ist ein sicheres Zeichen für innere Unruhe, die auf Verlegenheit und Scham oder auf verächtlichen Gefühlen basieren kann. Allerdings ist bei der Interpretation dieses nonverbalen Signals zu berücksichtigen, dass eine Rötung der Haut auch auf die Einnahme von Arzneimitteln oder den Verzehr von bestimmten Lebensmitteln zurückzuführen sein kann.

220. Adamsapfel bewegt sich auf und ab – Wenn sich bei einer Person plötzlich der Adamsapfel nach oben bewegt, liegt der Verdacht nahe, dass die Äußerung, die sie soeben vernommen hat, Nervosität oder Verängstigung auslöst. Diese unwillkürliche Reaktion lässt sich auch bei Menschen beobachten, die sich sehr verletzlich und schutzlos fühlen. Beim Adamsapfel (*Prominentia laryngea*) handelt es sich um eine Verdickung des Schildknorpels, der zum Kehlkopf (dem Teil des Halses, in dem sich unsere Stimmbänder befinden) gehört. In der Regel ist der Adamsapfel bei Männern deutlicher ausgeprägt als bei Frauen. Er reagiert äußerst sensibel auf Stressoren.

221. Kopf zur Seite neigen – Das Neigen des Kopfes, das eine Seite des Halses offen und ungeschützt nach außen weisen lässt, zählt zu den häufigsten und doch am wenigsten erforschten Formen der Körpersprache. Wir neigen instinktiv den Kopf zur Seite, wenn wir ein Neugeborenes sehen – nach einiger Zeit reagiert das Baby mit einem Lächeln und entspannten Gesichtszügen auf dieses Signal. Auch in Liebesbeziehungen spielt dieses Verhalten eine Rolle: Wenn wir unserem Partner tief in die Augen sehen, neigen wir dabei unseren Kopf zur Seite und präsentieren den verletzlichsten Teil unseres Körpers – unseren Hals. Im privaten wie im beruflichen Kontext signalisieren wir durch ein Neigen des Kopfes zudem, dass wir anderen interessiert zuhören. In Auseinandersetzungen ist ein Neigen des Kopfes wirkungsvoll, da es auf andere stets entwaffnend wirkt. In Kombination mit einem Lächeln zählt dieses Verhalten zu den wirksamsten Mitteln, die Sympathie eines anderen Menschen zu gewinnen.

222. Versteifen des Halses – Vor allem, wenn wir uns wohlfühlen, signalisieren wir durch ein Zur-Seite-Neigen des Kopfes, bei dem ein großer Teil des Halses offen gezeigt wird, dass wir aufmerksam und einer anderen Person zugewandt sind. Sobald das Gefühl des Wohlbehagens schwindet, bringen wir unseren Kopf in eine aufrechte Position, der Hals wird durch Anspannen der Muskeln starr. Ein gerader, starrer Hals signalisiert erhöhte Aufmerksamkeit und Wachsamkeit. Er deutet darauf hin, dass sich die betreffende Person aufgrund einer eben vernommenen Äußerung in einem inneren Konflikt befindet oder selbst ein Problem zur Sprache bringen möchte. Ein plötzliches Versteifen des Halses aus einer entspannten Körperhaltung heraus ist ein sicherer Hinweis, dass etwas nicht in Ordnung ist.

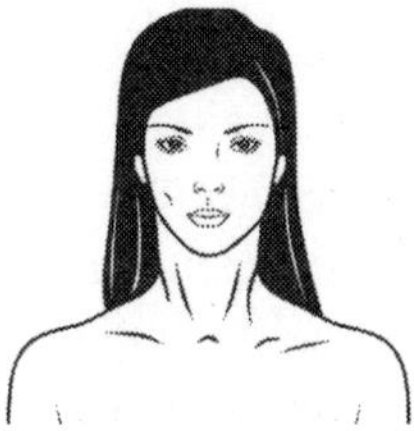

DIE SCHULTERN

Ob breit oder schmal, zierlich oder kräftig, durchtrainiert oder schlaff – unsere Schultern sagen eine Menge über uns aus. Selbst aus der Ferne betrachtet sind die breiten Schultern eines Weltklasseschwimmers und die sehnigen Schultern einer Primaballerina unverwechselbare Erkennungsmerkmale. Geschäftsleute sorgen durch das Tragen von Anzügen mit Schulterpolstern für eine imposante Erscheinung. Die nackten Schultern eines hübschen Models ziehen unsere Blicke an. Wenn wir deprimiert sind, lassen wir die Schultern hängen. Wenn wir stolz sind, stehen wir aufrecht und ziehen die Schultern nach hinten. Wir senden mit unseren Schultern nonverbale Signale. Unsere Schultern geben auf überraschende Weise Facetten unserer Persönlichkeit und unsere Errungenschaften preis. Sie geben Aufschluss über unsere Gefühle und Gedanken.

223. Anheben einer Schulter – Es ist üblicherweise ein Zeichen von Unsicherheit oder Zweifel, wenn jemand eine Schulter in Richtung Ohr hebt, während er eine Frage beantwortet. In Verbindung mit anderen nonverbalen Signalen (verzögertes Antworten, Arme näher an den Körper bringen) ist das Anheben einer Schulter ein Hinweis darauf, dass die betreffende Person nicht mit voller Überzeugung hinter der von ihr getätigten Aussage steht. Im geschäftlichen Kontext wird durch das Heben einer Schulter als Reaktion auf Fragen wie »Ist das Ihr bestes Angebot?« die Botschaft kommuniziert, dass Verhandlungsspielraum besteht.

224. Langsames Anheben einer Schulter – Indem wir langsam eine Schulter anheben, den Kopf zu dieser Schulter neigen und direkten Blickkontakt herstellen, signalisieren wir Interesse an einer Person. Dieses Verhalten wird häufig beim Flirten eingesetzt – vor allem Frauen zeigen es oft, wenn sie jemanden sehen, der ihnen gefällt.

225. Anheben beider Schultern – Wer beide Schultern in Richtung Ohren anhebt und diese Position für eine gewisse Zeit beibehält, signalisiert damit in der Regel Unsicherheit oder Zweifel. Dieses Phänomen wird auch als »Schildkröteneffekt« bezeichnet. Im Kern dient dieses Verhalten der betreffenden Person dazu, sich zu verstecken. Nach oben gezogene Schultern sind kein Ausdruck von Selbstvertrauen. Diese Geste lässt sich oft innerhalb von Gruppen beobachten, an die der Appell gerichtet wird, sich als freiwillige Helfer zu melden. Auch Studenten, die auf eine Prüfungsfrage schlecht vorbereitet sind, nehmen häufig diese Körperhaltung ein.

226. Schnelles Achselzucken – Ein schnelles, deutliches Anheben beider Schultern ist oft die Reaktion auf eine Frage, auf die man keine Antwort weiß. Diese Geste zählt aufgrund der raschen Aufwärtsbewegung zu den Ausdrucksformen, die sich entgegen der Schwerkraft äußern und in der Regel positive Signale senden. Aus einem schnellen Achselzucken lässt sich somit schließen, dass die betreffende Person die Antwort tatsächlich nicht weiß. Einem schnellen Achselzucken lässt sich grundsätzlich ein größerer Wahrheitsgehalt zumessen als einem langsamen Anheben beider Schultern (begleitend zur Äußerung »Ich weiß nicht«) oder dem zögerlichen Hochziehen einer Schulter.

227. Beim Sitzen immer tiefer rutschen – Wer während einer Besprechung immer tiefer in seinen Stuhl hineinsinkt, signalisiert Unbehagen oder mangelndes Selbstvertrauen. Wie der »Schildkröteneffekt« (siehe Nr. 225) folgt auch dieses Verhalten der Intention, sich zu verstecken. Unter Umständen versucht die betreffende Person dadurch, den Aufruf zu einem Gesprächsbeitrag zu umgehen. Bei manchen Menschen ist dieses Verhalten allerdings Ausdruck von Gleichgültigkeit oder Desinteresse. Diese Körperhaltung zeichnet sich dadurch aus, dass die Schultern sich immer mehr der Höhe der Tischkante annähern.

228. Über die Schulter/das Schlüsselbein streichen – In Befragungen, in denen eine angespannte, fordernde Atmosphäre herrscht, führen die zur Antwort aufgeforderten Personen häufig eine Hand am Brustkorb vorbei, legen sie auf die Schulter und führen sie mit leichtem Druck über das Schlüsselbein wieder zur Brust hinab. Manchmal halten sie die Hand eine Zeit lang an den Brustkorb gepresst, manchmal wird die Bewegung aber auch wiederholt. Die durch die Bewegung ausgeübten taktilen Reize und das wiederholte Ausführen tragen zum Abbau von Stress und Unruhe bei.

229. Breite Schultern – Wer die Schultern aus einer entspannten Position nach hinten zieht, bekundet mit diesem oft deutlich wahrnehmbaren Signal Autorität und Selbstvertrauen. Durch eine breite Schulterstellung betonen wir unseren Führungsanspruch in einer bestimmten Situation. Dieses Verhalten lässt sich oft bei Sportlern und Angehörigen des Militärs beobachten. Auch Geschäftsleute setzen auf den von breiten Schultern ausgehenden Effekt: Sie tragen Anzüge mit Schulterpolstern, um einflussreicher und respekteinflößender zu wirken.

230. Anheben der Schultern mit geneigtem Kopf und nach oben weisenden Handflächen – Wer diese Körperhaltung einnimmt, kommuniziert die Aufforderung »Bitte, tu mir diesen Gefallen!«. Es werden eine oder beide Schultern nach oben gezogen, der Kopf wird zur Seite geneigt und die Handinnenflächen zeigen nach oben. Diese Körperhaltung signalisiert ein Bitten oder Flehen. Sie lässt sich bei Kindern und Erwachsenen beobachten. Sportler zeigen sie oft, um den Schiedsrichter zu veranlassen, eine gegen sie gerichtete Entscheidung zu überdenken.

231. Verbeugen – Das leichte Vorwärtsneigen von Oberkörper und Schultern kann absichtlich oder unbewusst erfolgen. Diese Körperhaltung dient auf der ganzen Welt dazu, Autoritätspersonen Respekt zu erweisen. In Asien wird das Verbeugen zur Begrüßung eingesetzt, Briten verneigen sich vor ihrer Königin. Dieses Verhalten reicht weit in die Evolution des Menschen zurück: Ebenso, wie sich Primaten vor Alphatieren verbeugen, verneigen sich Menschen vor ranghöheren Personen. Das Verbeugen zählt zu den universellen Verhaltensweisen. Einen Beleg hierfür liefern die Konquistadoren, die bei der Eroberung Amerikas feststellten, dass sich die Ureinwohner in der gleichen Weise vor ihnen verbeugten, wie sie es selbst vor ihrer Abreise am Hof von Königin Isabella getan hatten.

DIE ARME

Unsere Arme dienen uns zum Schutz und zur Verteidigung. Sie ermöglichen es uns, die Balance zu halten und Gegenstände zu transportieren. Wir benutzen unsere Arme aber auch in vielfältiger Weise zur Kommunikation. Wir verschränken unsere Arme, wenn wir unter Anspannung stehen, recken sie gen Himmel, wenn wir beim Wettlauf als Erste die Ziellinie überqueren, und legen sie schützend um unseren Oberkörper, wenn wir frieren. Kinder strecken ihren Eltern die Arme entgegen, wenn sie liebkost werden wollen. Unsere Arme leisten uns nützliche Dienste und ermöglichen es uns, anderen zu helfen. Sie dienen uns, mehr als uns bewusst ist, dazu, unsere Bedürfnisse zu kommunizieren und unseren Gefühlen Ausdruck zu verleihen.

232. Umarmen – Umarmungen sind in ihren vielfältigen Formen überall auf der Welt Zeichen von Vertrautheit, Verbundenheit, positiver Stimmung und Warmherzigkeit. In manchen Kulturkreisen erfüllt ein kurzes Umarmen (in Lateinamerika *abrazo* genannt) bei der Begrüßung dieselbe Funktion wie ein Händeschütteln. Die Art und Weise, wie sich zwei Menschen umarmen, gibt Aufschluss darüber, wie sie zueinander stehen. In den USA beispielsweise drücken viele Sportler und Filmschauspieler durch eine Umarmung freundschaftlich-brüderliche Verbundenheit aus. Um einen verlässlichen Eindruck zu erhalten, welche Gefühle zwei Menschen wirklich füreinander hegen, achte ich bei der Analyse ihrer Körpersprache stets auf die Art der Umarmung und den Gesichtsausdruck, den sie dabei zeigen.

233. Lebhaftes Gestikulieren – Durch lebhaftes Gestikulieren machen wir unseren Gefühlszustand erkennbar und verschaffen uns Aufmerksamkeit. Ausladende Gesten sind meist Teil einer angeregten Konversation und dienen dem Sprechenden als wirkungsvolle Ausdrucksformen. In vielen Kulturkreisen werden große Gesten als Mittel der Emphase für selbstverständlich erachtet. Außenstehende haben oft den Eindruck, als würden die Gesprächspartner kurz vor einer tätlichen Auseinandersetzung stehen. Das wilde Gestikulieren dient den Sprechenden jedoch nur dazu, ihren Äußerungen Nachdruck zu verleihen.

234. Gestikulieren während des Sprechens – Ich werde oft gefragt, warum wir beim Sprechen gestikulieren. Gesten sind integraler Bestandteil der Kommunikation. Sie helfen uns dabei, uns der Aufmerksamkeit unserer Gesprächspartner zu versichern und wichtige Aspekte in unseren Äußerungen zu betonen. Das Gestikulieren erleichtert dem Sprecher außerdem den Wortfindungsprozess und verhilft ihm zu einem flexibleren Redefluss. Gesten beeinflussen die Art und Weise, wie unsere Äußerungen aufgenommen werden und in welchem Maße sie im Gedächtnis unseres Gesprächspartners haften bleiben. Durch Gesten untermauerte Äußerungen erhalten größeres Gewicht. Es besteht sogar die feste Erwartung, dass wir beim Sprechen gestikulieren. Wer sich Videos von Vorträgen ansieht, wird feststellen, dass sich die besten Redner stets einer wirkungsvollen Gestik bedienen.

235. Arme seitlich an den Körper drücken, Hände abgewinkelt – Diese Körperhaltung weist auf unterdrückte Begeisterung hin. Menschen, die stolz auf sich sind, dies aber nicht preisgeben möchten, drücken manchmal ihre herabhängenden Arme seitlich an den Körper und heben die Hände so an, dass sie fast im 90-Grad-Winkel zu den Armen stehen. Die Handinnenflächen weisen nach unten. Auch Menschen, die versuchen, ihre Aufregung möglichst unauffällig in den Griff zu bekommen, nehmen zuweilen diese Körperhaltung ein. Gelegentlich lassen sich zusätzlich ein Anheben der Schulten und natürlich ein freudiger Gesichtsausdruck beobachten.

236. Triumphierende Gesten – Triumph oder Begeisterung signalisierende Gesten äußern sich in der Regel entgegen der Schwerkraft. Das heißt, die Arme werden vom Körper weg nach vorn oder nach oben bewegt. In manchen Situationen arbeiten wir sogar mit unserem ganzen Körper gegen die Schwerkraft an: Wir schnellen aus unserem Sitz, springen in die Luft und recken die Arme gen Himmel. Da sich positive Emotionen generell in gegen die Schwerkraft wirkenden Gesten manifestieren, lässt sich dieses Verhalten in Sportstadien auf der ganzen Welt beobachten.

237. Arme hinter dem Rücken verschränken – Elizabeth II., Prinz Charles und andere Mitglieder des britischen Königshauses nehmen oft diese Haltung ein: Indem sie beim Gehen die Arme hinter dem Rücken verschränken, senden sie den Umstehenden das Signal, dass diese auf Distanz bleiben mögen. Auch anderen Menschen dient dieses Verhalten dazu, sich einen geschützten Raum zu sichern. Da diese Körperhaltung mit Unnahbarkeit assoziiert wird, eignet sie sich kaum dazu, sich bei anderen beliebt zu machen. Interessanterweise mögen es kleine Kinder überhaupt nicht, wenn ihre Eltern die Arme hinter dem Rücken verschränken.

238. Erstarren der Arme – Bei vielen Menschen ist als Reaktion auf ein Ereignis, mit dem sie schlecht zurande kommen oder das ihnen Angst macht, ein Erstarren der Arme zu beobachten: Die regungslos am Körper anliegenden Arme wirken dann unnatürlich und roboterhaft. Ein Erstarren der Arme ist ein starkes Indiz dafür, dass eine Person soeben etwas Negatives gehört oder gesehen hat.

239. Blick auf die Achselhöhle gewähren – Wir präsentieren die Innenseite unserer Arme, einschließlich der Achselhöhle (*axilla*), nur vor Menschen, deren Gegenwart uns angenehm ist. Beim Flirten heben Frauen oft den Arm, um sich mit der Hand durchs Haar zu streichen. Dabei lassen sie die Achselhöhle in Richtung der Person weisen, die ihre Neugier geweckt hat. Dieses Verhalten dient dazu, die Aufmerksamkeit des anderen auf sich zu ziehen und das eigene Interesse zu signalisieren. In umgekehrter Richtung ist diese Geste Ausdruck von Unbehagen: Nähert sich uns eine Person, die wir als unangenehm empfinden, während unsere Achselhöhle sichtbar ist, senken wir unseren Arm sofort wieder an den Oberkörper herab.

240. Verschränken der Arme/Arme um den Oberkörper legen – Indem wir unsere Arme um den Oberkörper legen, uns also in gewisser Weise selbst umarmen, beruhigen wir uns – wenn wir auf einen Bekannten warten, wenn wir in einer öffentlichen Filmvorführung sitzen oder uns in irgendeiner anderen Situation befinden, in der wir uns unbehaglich fühlen. In Flugzeugen ist dieses Verhalten oft bei Passagieren zu beobachten, die sich im Mittelgang in der Warteschlange zur Toilette einreihen. Für das Verschränken der Arme habe ich die unterschiedlichsten Gründe genannt bekommen: »Diese Körperhaltung ist bequem«, »Wenn meine Arme müde sind, ist diese Haltung angenehm«, »Mit meinen Armen verstecke ich meinen Bauch/meine Oberweite«, »Ich verschränke die Arme, wenn ich neugierig bin«. Die Motivation ist individuell verschieden, in den meisten Fällen dient dieses Verhalten jedoch dazu, das eigene Wohlbefinden durch eine beruhigende Geste zu steigern. Das Verschränken der Arme wird oft fälschlicherweise als Verhalten interpretiert, das andere auf Distanz halten soll. Doch diese Einschätzung trifft in der Regel nicht zu.

241. Verschränken der Arme (Schutz) – Manchmal wird das Verschränken der Arme eher durch ein Schutzbedürfnis als durch den Wunsch, sich selbst zu beruhigen, ausgelöst: Wenn wir uns unsicher oder bedroht fühlen, bedecken wir oft unbewusst mit den Armen die verletzlichere Seite unseres Körpers (Brust und Bauch). Diese Körperhaltung zeichnet sich durch ein stärkeres Anspannen der Armmuskulatur und einen angespannten Gesichtsausdruck aus.

242. Verschränken der Arme (Selbstbeherrschung) – Manche Menschen verschränken die Arme, wenn sie dabei sind, die Fassung zu verlieren. Diese Körperhaltung nehmen zum Beispiel Reisende ein, wenn ihnen am Schalter die Nachricht erteilt wird, dass ihnen wegen Überbuchung der Platz im Flugzeug verweigert wird. Während beim Verschränken der Arme aus Unbehaglichkeit (siehe Nr. 240) relativ wenig Druck ausgeübt wird, werden hier die Arme angesichts der überbordenden Emotionen buchstäblich im Zaum gehalten. Die der Selbstbeherrschung dienende Geste wird meist von einem feindseligen Gesichtsausdruck begleitet.

243. Verschränken der Arme (Abneigung) – In der Gegenwart einer Person, die wir nicht leiden können, dient uns das Verschränken der Arme dazu, uns von diesem Menschen zu distanzieren oder abzuschirmen. Diese Körperhaltung kommuniziert unsere Abneigung unmittelbar, da wir sie in der Regel sofort einnehmen, wenn wir einen Menschen, der uns unangenehm ist, erblicken. Dieses Verhalten unterscheidet sich vom Verschränken der Arme aus Unbehaglichkeit einerseits durch den situationsspezifischen Auslöser und durch begleitende nonverbale Signale wie das Abwenden des Gesichts und der Füße.

244. Verschränken der Arme und Massieren von Schulter oder Arm – Das Verschränken der Arme dient in der Regel der eigenen Beruhigung und ist für die meisten Menschen angenehm. Allerdings können wir es als Zeichen von Stress oder Aufregung werten, wenn wir beobachten, dass jemand dabei mit einer Hand seine Schulter oder den Oberarm massiert. Das Massieren ist eigentlich typisch für eine Sitzposition, in der die Ellenbogen auf einen Tisch gestützt sind. Ich habe aber auch schon beobachtet, dass Menschen, die sich mit verschränkten Armen im Stuhl zurücklehnen, durch das Massieren eines Oberarms innere Anspannung und Unruhe abbauen.

245. **Umklammern eines Handgelenks** – In polizeilichen Verhören ist häufig zu beobachten, dass Befragte, die mit einer belastenden Information konfrontiert werden, plötzlich ihre Hände vor dem Körper zusammenführen und mit einer Hand das andere Handgelenk umklammern. Im alltäglichen Kontext lässt sich dieses Verhalten feststellen, wenn eine Person eine unangenehme Frage gestellt bekommt oder eines Fehlverhaltens beschuldigt wird. Auch Pokerspieler, die ein schlechtes Startblatt erhalten haben, nehmen zuweilen diese Körperhaltung ein.

246. **Arme ausbreiten** – Wer in sitzender Position die Arme seitlich ausstreckt und auf der Rückenlehne des Sofas oder den Rückenlehnen der nebenstehenden Stühle ablegt, bekundet Selbstvertrauen. Es ist eine Geste, die die Beanspruchung eines Territoriums signalisiert. Im geschäftlichen Kontext wird diese Körperhaltung vor allem von Mitarbeitern gezeigt, die leitende Positionen bekleiden. Dieses Verhalten gibt auch im umgekehrten Sinne Aufschluss über die in einer Firma herrschende Hierarchie: Diese Sitzposition wird sofort aufgegeben (das heißt, die Arme werden an den Körper geführt), sobald eine ranghöhere Person den Raum betritt.

247. **Großer Abstand der Ellenbogen** – Menschen mit großem Selbstvertrauen neigen dazu, bei Zusammenkünften

sukzessive mehr Raum zu beanspruchen: Sie platzieren ihre Ellenbogen in immer größer werdendem Abstand zueinander auf dem Tisch. Meist handelt es sich um ein unbewusstes Verhalten – die betreffenden Personen stellen nicht absichtlich ihre Selbstsicherheit zur Schau.

248. Kleiner Abstand der Ellenbogen – Wenn wir unsere Ellenbogen weit auseinander auf dem Tisch platziert haben, ziehen wir sie sofort näher zueinander, wenn uns ein Gefühl der Verunsicherung oder Angst beschleicht. Wenn wir beobachten, ob und in welcher Form sich der Abstand der Ellenbogen mit dem Wechsel der Themen in einer Diskussion ändert, erhalten wir Hinweise darauf, mit wie viel Selbstvertrauen und Engagement die betreffende Person den einzelnen Aspekten begegnet.

249. Ellenbogen nach vorn strecken – Manche Menschen stemmen beim Sprechen die Arme in die Hüften und schieben jedes Mal, wenn sie einem Aspekt ihrer Äußerung besondere Bedeutung verleihen möchten, die Ellenbogen nach vorn (wie ein Schmetterling, der mit den Flügeln schlägt). Durch diese Geste, die Anspruch auf ein Territorium signalisiert, bekundet die betreffende Person Selbstvertrauen. Ich habe Trainer, Offiziere und Führungskräfte in Unternehmen dieses Verhalten zeigen sehen.

250. Unterhaken – Den Arm in den angewinkelten Arm einer anderen Personen zu schieben, während man spazieren geht oder nebeneinandersitzt, ist in vielen Ländern Zeichen von Vertrautheit oder ein Hinweis darauf, dass man sich in einem vertraulichen Gespräch befindet. Auch die durch das Unterhaken nahe aneinandergebrachten Hüften der beiden Menschen sind Ausdruck einer harmonischen Stimmung. In der Mittelmeerregion und in Südamerika ist es für Männer wie Frauen gleichermaßen nicht ungewöhnlich, Arm in Arm zu gehen.

251. Zeigen des Handgelenks – Auch wenn man es kaum vermuten mag, lassen sich sogar an Bewegungen des Handgelenks die Gedanken einer Person ablesen. Wir präsentieren die Innenseite unseres Handgelenks nur vor Menschen, die wir mögen oder deren Gegenwart uns angenehm ist. Während sie eine Zigarette oder ein Getränk in der Hand halten, positionieren Frauen ihren Arm oft so, dass die Innenseite des Gelenks zu einer in der Nähe sitzenden Person weist, die ihr Interesse geweckt hat. Sobald sie das Gefühl des Wohlbefindens verlieren, drehen sie den Arm zum Körper und winkeln das Handgelenk an, sodass die Außenseite zu den anderen zeigt. Unser limbisches System veranlasst uns zu unserem Schutz dazu, verletzliche Körperregionen – die Innenseiten der Arme, den Hals, den Bauch – von Menschen abzuwenden, die wir unsympathisch oder bedrohlich finden.

252. Gänsehaut – Kälte und Angstempfinden lösen – vom vegetativen Nervensystem gesteuert – das Aufrichten der Körperbehaarung aus, wodurch sich kleine Erhebungen auf der Haut bilden. Gänsehaut tritt vor allem an den Armen und Beinen auf. Der medizinische Begriff dafür lautet »Piloerektion« (siehe Nr. 253). Bei Primaten lässt sich dieser Effekt in eindrucksvoller Form beobachten: Tiere, die aus Angst ihr Fell aufstellen, wirken automatisch größer. Da der Mensch über wenig Körperbehaarung verfügt, ist die Piloerektion nur als Gänsehaut erkennbar.

253. Aufrichten der Körperbehaarung (Piloerektion) – Manchmal ist bei einem Menschen ein Aufrichten der Körperbehaarung an den Armen, der Brust und dem Rücken oder im Nacken erkennbar. Dieser Reflex, der sich auch bei Primaten beobachten lässt, bildete sich vermutlich in der Entwicklungsgeschichte als Schutzfunktion aus: Durch das Aufstellen der Haare wirkt ein Individuum in einer als beängstigend oder bedrohlich empfundenen Situation größer. Wenn unser Unterbewusstsein einen Menschen oder eine Situation als möglicherweise gefährlich einschätzt, stellen sich automatisch unsere Nackenhaare auf. Wie Gavin de Becker in seinem Buch *Vertraue deiner Angst* erklärt, ist es wichtig und hilfreich, unterschwellige Gefühle von Furcht und Skepsis ernst zu nehmen.

254. Starkes Schwitzen – Manche Menschen beginnen unter Stress spontan stark zu schwitzen. Der Körper initiiert diese Reaktion zur Kühlung. Viele Drogenschmuggler werden überführt, weil sich in ihren Hemden im Bereich der Achselhöhlen plötzlich Schweißflecken ausbreiten oder ihr Nacken vor Schweiß glänzt, wenn sie am Flughafen durch die Zollkontrolle gehen. Starkes Schwitzen ist oft ein Hinweis darauf, dass jemand etwas zu verbergen versucht oder kurz davor steht, eine Straftat zu begehen. Selbstverständlich bedeutet eine starke Schweißabsonderung nicht grundsätzlich, dass sich eine Person etwas zuschulden kommen ließ – für Gesetzeshüter ist es allerdings angebracht, dieses Anzeichen nicht außer Acht zu lassen.

255. Selbstverletzendes Verhalten – Menschen, die an einer Borderline-Persönlichkeitsstörung oder anderen psychischen Erkrankungen leiden, tragen oft Narben, die auf

Verletzungen zurückgehen, die sie sich selbst durch Aufschneiden oder Aufritzen der Haut oder Verbrennungen zugefügt haben. Wenn wir solche Wundmale bemerken, sollten wir dies zum Anlass nehmen, die betreffende Person zu einer adäquaten therapeutischen Behandlung zu ermutigen. Betroffene bitten häufig nicht um Hilfe, durch ihr selbstverletzendes Verhalten senden sie jedoch ein nonverbales Signal, das ihrer seelischen Notlage Ausdruck verleiht.

256. **Einstichstellen** – Bei Menschen, die Heroin oder andere Drogen intravenös konsumieren, sind an der Innenseite der Arme oft Narben und Einstichstellen zu sehen. Bei Langzeitabhängigen sind diese Merkmale oft deutlich erkennbar.

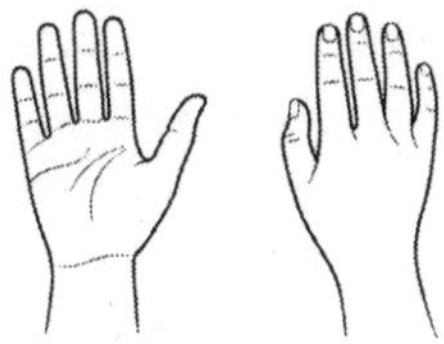

HÄNDE UND FINGER

Die Hände des Menschen sind Tast- und Greiforgane von einzigartiger Komplexität. Ein Chirurg kann mit seiner Hand präzise ein Skalpell führen. Michelangelo schuf mit einem Pinsel in der Hand das unvergleichliche Deckengemälde der Sixtinischen Kapelle. Mit unseren Händen heben wir sachte und zärtlich ein Kind auf, um es auf den Arm zu nehmen. Unsere Hände sind aber auch stark genug, um mit einer Axt einen Baum zu fällen. Sie sind für uns bei der Arbeit, beim Sport und bei der Interaktion mit anderen Menschen unverzichtbare Werkzeuge. Sie dienen uns auch in effizienter Weise zur Kommunikation – ob wir nun durch Heben einer Hand für Schulkinder den Verkehr anhalten, ob wir mit einem Taktstock ein Orchester dirigieren oder ob wir einen Freund durch Winken zu uns lotsen. Mit unseren Händen teilen wir anderen unsere Wünsche und Bedürfnisse mit. Sie erzählen von unseren Fertigkeiten und unseren Sorgen. Mit unseren Händen lassen wir andere durch sanfte Berührungen unsere Liebe spüren.

257. Aussehen der Hände – Aus dem Aussehen der Hände eines Menschen lassen sich viele Rückschlüsse ziehen.

Schmutz, Narben und Schwielen geben Hinweise auf die berufliche Tätigkeit – die Hände eines Büroangestellten sehen anders aus als die eines Bauarbeiters. Die Form der Hände und die Beweglichkeit der Finger geben manchmal auch Aufschluss darüber, ob eine Person an Arthritis oder einer neurologischen Erkrankung leidet.

258. Gepflegte Hände – Gepflegte Hände werden mit einem guten Gesundheitszustand assoziiert. Saubere Finger mit ordentlich gekürzten Nägeln zeigen an, dass die betreffende Person auf sich achtet. Schmutzige, lange Fingernägel mit eingerissener Nagelhaut oder abgekaute Nägel zeichnen das gegenteilige Bild. Beim Flirten und selbst am Arbeitsplatz ziehen wir aus dem Erscheinungsbild der Hände eines Menschen zahlreiche Rückschlüsse.

259. Häufigkeit des Berührens – Die Häufigkeit, mit der wir einen anderen Menschen berühren, gibt Aufschluss darüber, welche Gefühle wir für ihn hegen. Die Frequenz des Körperkontakts unterliegt zwar bis zu einem gewissen Grad kulturellen Konventionen, gemeinhin neigen Menschen jedoch dazu, die Personen, die ihnen nahestehen, häufiger zu berühren.

260. Art des Berührens – Berührungen können respektvoll, liebevoll, spielerisch, sinnlich, verschämt, zart, fürsorglich oder beruhigend sein. Ein sanftes Berühren der Haut kann uns Schauer über den Rücken jagen und uns sexuell erregen. Zarte Berührungen stimulieren unser Gehirn in anderer Weise als kräftige. Wenn wir ein Kind oder unseren Lebenspartner sachte und liebevoll mit der Innenfläche unserer Hand berühren, übermittelt das warme Gefühl, das dabei auf seiner Haut entsteht, eine intensive Botschaft. Tippt uns hingegen unser Vorgesetzter mit den Fingerspitzen auf die Schulter und sagt: »Gut gemacht!«, regt sich in uns Abscheu, denn das Lob erscheint uns gekünstelt und abgeschmackt.

261. Berührungen und sozialer Status – In den meisten Kulturkreisen definieren gesellschaftliche Konventionen, welchen Personen es gestattet ist, andere zu berühren, und in welcher Form dieser Körperkontakt stattfindet. Fast überall gilt die Norm, dass Berührungen eher von denjenigen ausgehen, die eine höhere Position bekleiden. Im Arbeitsumfeld ist es wahrscheinlicher, einen Vorgesetzen einem Angestellten auf die Schulter klopfen zu sehen als umgekehrt. Auch für die Situationen, in denen eine Berührung als statthaft gilt, dafür, welche Körperpartien berührt werden dürfen (zum Beispiel Arm oder Ellenbogen) und die Frage, ob und inwieweit der Körperkontakt willkommen ist, bestehen meist feste Regeln.

262. Bad in der Menge – Bei Veranstaltungen begrüßen Prominente oft die wartende Menge, indem sie einzelnen Personen die Hand schütteln, sie umarmen oder am Arm berühren oder indem sie Kinder hochheben und herzen. Dieses Verhalten dient berühmten Persönlichkeiten dazu, ihre menschliche Seite zu betonen und durch den Körperkontakt eine Verbindung zu den Menschen herzustellen. Das Gefühl der Verbundenheit wird durch einen biochemischen Prozess erzeugt: Berührungen lösen im Körper eine Ausschüttung des Hormons Oxytocin aus, das soziale Bindungen fördert.

263. Arme in die Hüften stemmen (Daumen nach hinten) – Wer die Hände mit nach hinten weisenden Daumen an die Hüften legt, sodass die Ellenbogen seitlich vom Körper abstehen, zeigt Dominanz. Diese Körperhaltung signalisiert Wachsamkeit, Präsenz und die Intention, einen als problematisch empfundenen Sachverhalt in robuster Weise zur Sprache zu bringen. Mitarbeiter von Fluggesellschaften haben mir berichtet, dass in der Regel eine Beschwerde zu erwarten ist, wenn sie in der Warteschlange eine Person mit dieser Körperhaltung entdecken. In Gesprächen mit Kindern ist diese gebieterische Haltung wenig sinnvoll, da sie den kommunikativen Austausch hemmt: Auf Kinder wirken Eltern, die die Arme in die Hüften stemmen, wie ein Ausbilder beim Militär.

264. Arme in die Hüften stemmen (Daumen nach vorn) – Diese Körperhaltung signalisiert Neugier. Auch wenn es sich bei der Position des Daumens um ein unwesentliches Detail zu handeln scheint, besitzt sie große Bedeutung. Bei Unfällen ist häufig zu beobachten, dass Zeugen die Arme mit nach vorn gerichteten Daumen in die Hüften stemmen, während diejenigen, die die Situation unter Kontrolle bringen (Polizisten, Feuerwehrleute etc.) diese Körperhaltung mit nach hinten weisenden Daumen einnehmen.

265. Beanspruchung eines Territoriums durch das Platzieren der Hände – Das Verhalten, die Hände in großem Abstand zueinander auf der Tischplatte zu platzieren, ist als sanfte Form des Einschüchterns zu werten. An Reklamationsschaltern lässt sich häufig beobachten, dass verärgerte Kunden durch die Positionierung ihrer Hände immer mehr Raum beanspruchen, während sie mit dem Servicepersonal diskutieren – je hitziger die Diskussion geführt wird, umso weiter werden die Hände voneinander wegbewegt.

266. Vom Tisch abstoßen – Wenn wir beobachten, dass sich jemand durch einen kräftigen Stoß mit den Armen vom Tisch entfernt, können wir mit größter Wahrscheinlichkeit davon ausgehen, dass eine vom Gesprächspartner vorgebrachte Äußerung oder ein diskutierter Sachverhalt in ihm Widerspruch oder Furcht ausgelöst hat. Bei dieser Bewegung ist die Geschwindigkeit von zentraler Bedeutung: Je schneller sie ausgeführt wird, umso stärker ist das negative Gefühl.

267. Spielen mit Gegenständen – Das Spielen mit Schmuckstücken und anderen Gegenständen – zum Beispiel das Aufziehen einer Uhr, das Klopfen mit einem Bleistift oder die Beschäftigung mit dem Smartphone – dient der Beruhigung und dem Zeitvertreib. Es lässt sich oft bei Personen beobachten, die auf den Beginn ihres Vorstellungsgesprächs warten. Dieses Verhalten unterscheidet sich vom ersatzweisen Berühren (siehe Nr. 291).

268. Beanspruchung eines Territoriums durch das Platzieren von Gegenständen – Indem wir Papier und Bleistift auf unseren Schreibtisch legen, einen Kinositz mit unserer Jacke drapieren oder in anderer Form Gegenstände in unserer Nähe deponieren, beanspruchen wir einen spezifischen Raum für uns. Das Platzieren von Gegenständen kann aber auch mangelndes Interesse an einer Person oder einen schwierigen Beziehungsstatus signalisieren: Bei einem Restaurantbesuch mit einer von uns geschätzten Person neigen wir zum Beispiel dazu, die Tischdekoration beiseitezuschieben, um freien Blick auf unser Gegenüber zu haben. Herrscht ein angespanntes Verhältnis vor, platzieren wir hingegen Weinflaschen und Blumenvasen als Sichtblockade auf dem Tisch. Besonders aufschlussreich ist es, wenn eine Person die Anordnung der Gegenstände im Gesprächsverlauf ändert.

269. **Mit den Händen ein Dach formen** – Bei dieser auch als Raute bekannten Geste werden die Hände an den Fingerspitzen zusammengelegt, die Finger gespreizt und die Handflächen leicht nach außen gewölbt. Diese Handhaltung signalisiert Selbstbewusstsein und Souveränität. Sie wird häufig von Führungspersonen gezeigt – die deutsche Bundeskanzlerin Angela Merkel ist für die »Raute« berühmt. Die mit dieser Geste signalisierte Selbstsicherheit beinhaltet allerdings nicht, dass die von der betreffenden Person kommunizierten Sachverhalte faktisch richtig sind. Diese Handhaltung ist lediglich ein Ausdruck von Selbstvertrauen und sie ist ein wirkungsvolles Instrument, Zuhörern die Verbindlichkeit der geäußerten Gedanken und Überzeugungen anzuzeigen.

270. **Mit verschränkten Fingern ein Dach formen** – Bei dieser Geste werden die ausgestreckten Zeigefinger an den Spitzen zusammengelegt und die restlichen Finger verschränkt. Diese Handhaltung wirkt zwar gekünstelter als die einfache »Raute« (siehe Nr. 269), signalisiert aber ebenfalls Selbstvertrauen und Souveränität.

271. **Aufmerksamkeit weckende Handhaltung** – Die Arme werden auf Hüfthöhe angewinkelt, sodass sich die Hände etwa 40 Zentimeter vor dem Körper befinden. Die Hand-

flächen zeigen zueinander, die Finger sind gespreizt. Redner zeigen diese Bewegung oft, um die Aufmerksamkeit ihrer Zuhörer auf einen wichtigen Punkt ihres Vortrags zu lenken. Die flehende Handhaltung (siehe Nr. 272) unterscheidet sich von dieser Geste durch die nach oben weisenden Handflächen. Bei der Aufmerksamkeit weckenden Haltung sind die Hände so vor dem Körper positioniert, als würde man einen Wasserball halten. Wer häufig vor Publikum spricht, sollte sich diese Geste aneignen.

272. **Flehende Handhaltung** – Die flehende Handhaltung, bei der die Handinnenflächen bei angewinkelten Armen nach oben zeigen, zählt zu den universellen Verhaltensweisen. Sie signalisiert Demut, Gehorsam oder Kooperationsbereitschaft und wird durch den Wunsch nach Akzeptanz oder das Bedürfnis, Vertrauen geschenkt zu bekommen, motiviert. Die nach oben gerichteten Handinnenflächen senden die Botschaft »Meine Hände sind rein«, »Ich halte nichts versteckt«, »Ich bitte dich inständig« oder »Ich stehe dir zu Diensten«. Im religiösen Kontext dient diese Geste bei Zeremonien als Ausdruck von Demut und Frömmigkeit.

273. **Hände auf den Tisch schlagen** – Diese Bewegung dient der Bekräftigung einer Aussage. Das schnelle Anheben und Absenken der Arme kann in einem Auftreffen der Handflächen auf der Tischplatte resultieren oder symbolisch in der Luft ausgeführt werden. Je weiter die Arme voneinander entfernt sind (bei beidseitiger Ausführung) beziehungsweise je vehementer die Hände nach unten geführt werden, umso stärker steht die betreffende Person hinter der von ihr getätigten Äußerung. Behauptungen

wie »Daran habe ich keine Schuld!« ist ein größerer Wahrheitsgehalt zuzumessen, wenn sie von einem kräftigen Schlag der Hände auf den Tisch begleitet werden. Personen, die die Unwahrheit sagen, gelingt es in der Regel nicht, diese Geste überzeugend zu präsentieren – bei ihnen ist die Bewegung meist zu sanft.

274. Hände mit gespreizten Fingern auf den Tisch legen – Äußert eine Person in einer Befragung oder Vernehmung die Behauptung »Das habe ich nicht getan!«, ist ihr verstärkt Glauben zu schenken, wenn sie dabei ihre Hände mit gespreizten Fingern fest auf den Tisch drückt. Ich habe noch nie gesehen, dass ein Lügner diese Bewegung überzeugend ausführt. Ursache ist vermutlich, dass bei Personen, die die Unwahrheit sagen, die Teile des Gehirns, die für die Denkleistung und für die Verarbeitung von Emotionen zuständig sind, nicht miteinander in Einklang stehen: Die Kognition gibt zwar die Äußerung »Ich bin unschuldig« vor, da diese jedoch nicht vom emotionalen Erleben gestützt wird, gelingt es nicht, die Behauptung durch eine adäquate Geste zu untermauern.

275. Ruhighalten der Hände – Den Beobachtungen von Aldert Vrij und anderen Forschern zufolge neigen Personen, die die Unwahrheit sagen, dazu, ihre Hände und Arme wenig zu bewegen. Dieses bedeutende nonverbale Signal kann allerdings auch Ausdruck von Schüchternheit oder Unbehagen sein. Um zu einer richtigen Einschätzung zu gelangen, ist es deshalb wichtig, die »Basisform« des Kommunizierens (den in unbelasteten Situationen vorherrschenden Normalzustand) bei einem Menschen zu kennen. Ein reduziertes Auftreten von Handbewegungen lohnt mit Sicherheit der Beachtung, ist aber nicht notwendigerweise Zeichen von Unaufrichtigkeit.

276. **Händeringen** – Händeringen ist Ausdruck von Besorgnis, Zweifel, Verängstigung oder Unsicherheit. Je stärker die ineinander verschränkten Hände beim Drehen zusammengepresst werden, umso größer ist die innere Anspannung. Sind dabei weiße und rote Flecken auf den Fingern zu sehen, ist das Gefühl des Unbehagens besonders stark ausgeprägt.

277. **Hände aufeinanderlegen** – Wenn wir einem Menschen zum ersten Mal begegnen oder ein wenig unsicher sind, halten wir unsere Hände manchmal so vor dem Körper, dass die Finger aufeinanderliegen. Die leichte Berührung hat eine beruhigende Wirkung. Prinz Harry zeigt diese Handhaltung oft. Sie ist aber auch bei Menschen zu beobachten, die geduldig in einer Warteschlange stehen oder mit einer ihnen bislang unbekannten Person ins Gespräch kommen.

278. **Zitternde Hände** – Zitternde Hände sind Zeichen von Aufregung oder Stress. Neurologische Erkrankungen, durch Krankheit verursachte körperliche Schwäche und Drogenkonsum können zwar ebenfalls Ursache des Zitterns sein, bei Personen, die ansonsten einen guten Gesundheitszustand zeigen, verdient das Händezittern jedoch als Ausdruck des inneren Zustands Beachtung. Stressbedingtes Zittern äußert sich zum Beispiel bei Tisch im versehentlichen Umstoßen von Weingläsern oder anderen Gegenständen oder in einem merklich wackelnden Löffel in der Hand. Nach Unfällen oder dem Erhalt einer

schrecklichen Nachricht tritt bei manchen Menschen ein unkontrollierbares Zittern der Hände und Finger auf.

279. **Besitz ergreifen** – Indem wir einen Gegenstand in die Hand nehmen, zeigen wir, dass er uns gehört. Auch in Bezug auf Personen können wir durch das Positionieren der Hand Besitzansprüche demonstrieren: Wenn wir mit jemandem sprechen, der uns sympathisch ist, dient das Positionieren der Hand in der Nähe dieser Person dazu, Umstehende auf Distanz zu halten. Dieses Verhalten ist auf Partys und in Bars häufig zu beobachten: Viele Männer bewegen sich um die nahe der Person ihres Interesses platzierte Hand wie um einen festen Ankerpunkt herum, um einen Schutzraum zu schaffen und Eindringlinge fernzuhalten. Durch dieses Verhalten wird die Beanspruchung eines Territoriums signalisiert.

280. **Zum Gesicht eines anderen erhobene Hand** – Ein heftiger Streit gipfelt oft in dieser beleidigenden Geste. Die Handinnenfläche mit ausgestrecktem Arm in Richtung des Gesichts einer anderen Person weisen zu lassen, ist die Aufforderung, jede weitere Äußerung zu unterlassen. Diese Geste signalisiert, an der Meinung des Gegenübers keinerlei Interesse zu haben. Da sie einen Affront darstellt, ist sie in einem harmonischen privaten Umfeld und im beruflichen Kontext deplatziert.

281. **Beruhigungsgesten** – Bei der Analyse der Körpersprache lohnt es sich, darauf zu achten, ob sich jemand während der Beantwortung einer Frage mit der Hand durchs Haar streicht, ins Gesicht fasst oder irgendeine andere Stelle seines Körpers berührt, statt zu gestikulieren. Meiner Er-

fahrung nach sind Personen, die sich beim Sprechen einer Beruhigungsgeste bedienen, weniger selbstsicher als jene, die einzelne Aspekte ihrer Äußerung durch Gesten untermauern.

282. Verschränkte Finger mit nach oben weisenden Daumen – Die Daumen während einer Äußerung nach oben zu richten, wenn die Finger verschränkt sind, signalisiert Selbstvertrauen. Die Hände liegen dabei üblicherweise auf dem Schoß oder auf dem Tisch. Die Daumen werden aufgerichtet, um einem bestimmten Aspekt der Äußerung Nachdruck zu verleihen. Dieses Verhalten ändert sich fließend – analog zum leisesten Wechsel des Gefühlszustands und der Intensität, mit der der Sprecher hinter seinen Aussagen steht.

283. Verschränkte Finger mit nach unten gerichteten Daumen – In einem Gespräch oder einer Diskussion ist es ein Zeichen von Unsicherheit oder ein Ausdruck von durch die jeweiligen Themen ausgelösten negativen Gefühlen, wenn die Daumen bei verschränkten Fingern nach unten weisen. Wenn wir eine Aussage selbstsicher vertreten, richten wir die Daumen unbewusst auf. Da die Position der Daumen, wie oben beschrieben, fließend wechselt, ist sie ein zuverlässiges Indiz für den mit dem jeweiligen Thema verbundenen Gefühlszustand.

284. Daumenreiben – Bei dieser moderaten Berührungsgeste wird bei verschränkten Fingern mit dem oben liegenden Daumen immer wieder über den Daumen der anderen Hand gestrichen. Dieses Verhalten lässt sich bei Personen beobachten, die auf etwas warten. Es wird aber auch während des Sprechens gezeigt, wenn jemand beunruhigt oder nervös ist.

285. **Daumendrehen** – Daumendrehen dient dem Zeitvertreib oder dem Abbau von leichter innerer Anspannung. Die sich wiederholende Bewegung sendet beruhigende Signale an das Gehirn.

286. **Enge Fingerhaltung** – Besorgnis, Furcht, Entsetzen oder ein als Kränkung empfundenes Ereignis veranlassen uns dazu, unbewusst den Abstand zwischen unseren Fingern zu verringern. Im Extremfall verstecken wir unsere Finger, indem wir die Fingerkuppen zum Handballen ziehen. Diese vom limbischen System eingeleitete Reaktion dient dem Schutz der Finger in einer bedrohlichen Situation.

287. **Abspreizen des Daumens** – Wenn wir optimistischer Stimmung sind, bewegen wir unseren Daumen vom Zeigefinger weg. Dieses Verhalten lässt sich besonders gut bei Personen beobachten, deren Hände auf einem Tisch liegen. Bei der Einschätzung des Selbstbewusstseins eines Menschen kann der Abstand zwischen Daumen und Zeigefinger als Gradmesser dienen. Er zeigt auch an, in welchem Maße eine Person hinter ihren Äußerungen steht.

288. **Verstecken des Daumens** – Wer die Hand zur Faust formt und den Daumen unter den anderen Fingern versteckt, zeigt damit eine durch Unsicherheit oder Verängstigung motivierte, unbewusste Reaktion. Aus einem plötzlichen Auftreten dieser Bewegung lässt sich schließen, dass die betreffende Person beunruhigt, besorgt oder von Furcht

ergriffen ist. Dieses ursprünglich der Vorbereitung auf einen Angriff und damit der Überlebenssicherung dienende Verhalten ist vergleichbar mit dem Anlegen der Ohren bei Hunden, das im Falle einer Flucht für geringeren Luftwiderstand sorgen soll.

289. Nach oben gerichteter Daumen – Bei Gerichtsverhandlungen beobachte ich oft, dass Anwälte ihre Finger unter das Revers ihrer Robe oder ihre Hosenträger schieben, während ihre nach oben weisenden Daumen sichtbar am Körper anliegen. Nach oben gerichtete Daumen sind grundsätzlich ein Hinweis darauf, dass die betreffende Person ihre Handlungen, Ansichten und Äußerungen selbstsicher vertritt.

290. Faust ausstrecken und Daumen nach oben richten – Diese positive Geste dient der Zustimmung oder signalisiert, dass alles in Ordnung ist. Sie wurde ursprünglich beim Trampen eingesetzt, um den Wunsch nach einer Mitfahrgelegenheit anzuzeigen. In manchen Kulturkreisen, zum Beispiel im Nahen Osten, sollte man vom Gebrauch dieser Geste absehen, da der ausgestreckte Daumen dort als Phallussymbol gilt.

291. Ersatzweises Berühren – Wenn wir bei einer sich anbahnenden Liebesbeziehung das Bedürfnis nach Körperkontakt haben, diese Nähe aber gleichzeitig als verfrüht empfinden, lenken wir unseren Wunsch nach Berührung um: Wir streicheln unseren eigenen Arm oder streichen mit der Hand immer wieder über ein Weinglas. Das ersatzweise Berühren ist eine unbewusste Form des Flirtens. Gleichzeitig ist es ein effizientes Mittel zum Abbau von

Stress, da es häufig das Bedürfnis, den potenziellen Partner zu berühren, kompensiert.

292. Gegenseitiges Berühren – Das Erwidern einer Berührung ist Ausdruck einer harmonischen Beziehung und ein Zeichen dafür, dass man sich in der Gegenwart des anderen wohlfühlt. Umgekehrt weist es auf ein Problem hin, wenn Berührungen nicht erwidert werden. Steht im Arbeitsumfeld die Degradierung oder Entlassung eines Mitarbeiters an, lässt der Vorgesetzte seltener ein Händeschütteln mit dem betreffenden Angestellten zu. In Paarbeziehungen ist das Nicht-Erwidern von Berührungen oft Anzeichen einer bevorstehenden Trennung.

293. Festhalten an Möbelstücken – Hält sich jemand an der Stuhllehne oder an der Kante eines Schreibtischs oder Rednerpults fest, während er eine Behauptung äußert, ist dies ein Zeichen von Zweifel und Unsicherheit. Ich habe dieses Verhalten auch bei Personen beobachtet, die widerstrebend einen Vertrag unterzeichneten, zu dem sie sich verpflichtet sahen. Bei der Interpretation dieses Verhaltens sollte man stets ergründen, wodurch die Unsicherheit verursacht wird.

294. Klammern – Kinder, die unter Anspannung stehen, klammern sich oft zum Trost an der Kleidung ihrer Eltern fest. Wenn keine Bezugsperson zugegen ist, umklammern sie eines ihrer eigenen Kleidungsstücke, als wäre es eine Schmusedecke – und tatsächlich erfüllt das Kleidungsstück dieselbe Funktion. Die durch das feste Berühren ausgelösten taktilen Reize wirken äußerst beruhigend. Erwachsene nutzen diesen Effekt beispielsweise während der Vorbereitung auf ein Vorstellungsgespräch oder einen Vortrag. Der berühmte Opernsänger Luciano Pavarotti hielt während seiner Auftritte meist ein großes weißes Taschentuch fest in der Hand, das ihm nach eigenem Bekunden Sicherheit und Ruhe verlieh.

295. Gestikulieren – Wenn wir mit uns selbst und einer Situation im Reinen sind, nutzen wir unsere Hände dazu, uns beim Sprechen noch stärker verständlich zu machen und einzelne Aspekte unserer Äußerungen zu betonen. In manchen Kulturkreisen – vor allem im Mittelmeerraum – sind Gesten essenzieller Teil der Kommunikation: Sie werden besonders eindringlich präsentiert und haben große kontextuelle Bedeutung. Versierte Redner setzen bei ihren Vorträgen ebenfalls häufig Gesten ein. Forschungen belegen, dass Menschen, sobald sie von der Wahrheit zur Lüge übergehen, weniger häufig und mit weniger Nachdruck gestikulieren. Wenn wir beobachten, dass eine Person ihre Äußerungen plötzlich nur noch in reduziertem Maße mit Gesten untermauert und die Hände sehr zurückhaltend bewegt, können wir davon ausgehen, dass sie – aus welchen Gründen auch immer – nicht mehr mit voller Überzeugung hinter ihren Aussagen steht.

296. Bewegungen mit dem Mittelfinger – Der Anthropologe Dr. Paul Ekman beschrieb als Erster das Verhalten von Menschen, anderen unbewusst den »Stinkefinger« zu zeigen: Wenn jemand gegenüber einer anderen Person Abneigung empfindet, setzt er den ausgestreckten Mittelfinger ein, um sich zum Beispiel im Gesicht zu kratzen oder um die Brille nach oben zu schieben. Bei diesen Gesten handelt es sich um unbewusste Zeichen von Respektlosigkeit und Verachtung.

297. Mit dem Finger auf jemanden zeigen – Menschen mögen es generell nicht, wenn man mit dem Finger auf sie zeigt. Vor allem im beruflichen Kontext oder bei romantischen Treffen empfiehlt es sich – sofern es nötig ist, auf eine Person zu deuten –, dies mit der ganzen Hand statt mit einem ausgetreckten Finger zu tun. Diese Regel gilt auch für das Zeigen auf Gegenstände: Wenn man einer Person ihren Sitzplatz zuweist, sollte man mit der Hand statt mit dem Zeigefinger auf den Stuhl deuten.

298. Jemanden mit dem Finger anstoßen – Einen Finger vehement gegen die Brust oder das Gesicht einer Person zu richten, ist eine äußerst feindselige Geste. Sie dient dazu, jemanden wegen eines schwelenden Konflikts aus der Menge auszusondern. Wenn der Finger den Körper tatsächlich berührt, ist diese Geste besonders bedrohlich.

299. Finger als Taktstock – Regelmäßige Bewegungen mit dem Finger können dazu dienen, den Sprachrhythmus aufrechtzuerhalten oder den Takt eines Musikstücks vorzugeben. Sie können auch zur Betonung bestimmter Aspekte einer Äußerung eingesetzt werden. Diese Geste ist im Mittelmeerraum weitverbreitet. In diesen Ländern empfinden Besucher das Hin- und Herschwenken des Fingers oft als Beleidigung, da sie die kulturelle Konnotation nicht verstehen: Sie halten die meist der Emphase dienende Geste für eine feindselige, ermahnende Gebärde.

300. Beidhändiges Wegstoßen – Diese Geste ist bei öffentlichen Vorträgen zu beobachten: Der Redner streckt die Arme mit nach vorn weisenden Handflächen aus, als würde er das Publikum von sich stoßen. Diese Geste besitzt einen dem Sprecher nicht bewussten Beigeschmack, denn trotz der Absicht, die Botschaft »Ich weiß, wie ihr euch fühlt« zu vermitteln, signalisiert sie dem Publikum: »Lasst mich in Ruhe.«

301. Fingernägelkauen – Das Kauen an den Fingernägeln und der umliegenden Haut dient dem Abbau von Nervosität und durch Angst verursachter Anspannung. Es ist ein Zeichen von Unsicherheit, mangelndem Selbstvertrauen oder Besorgnis. Bei extremem Stress ist das Nägelkauen auch bei Personen zu beobachten, die ansonsten nicht zu diesem Verhalten neigen. Schwerwiegende Formen des Nägelkauens werden dem selbstverletzenden Verhalten zugerechnet. Folgen können die vollständige Deformierung der Fingernägel, Nagelbettentzündungen und eine dauerhafte Schädigung der Nagelhaut sein.

302. Rhythmisch auf den Tisch klopfen – Wer rhythmisch mit dem Finger auf einen Tisch oder auf den eigenen Oberschenkel klopft, bedient sich eines dem Zeitvertreib oder dem Stressabbau dienenden Verhaltens. Im beruflichen Kontext wird es oft gezeigt, wenn man auf das Erscheinen einer Person oder das Ende des Gesprächsbeitrags eines anderen wartet. Es ist mit dem rhythmischen Klopfen auf die Wangen vergleichbar (siehe Nr. 170).

303. Hände in die Taschen stecken – Manche Menschen beruhigt es, beim Sprechen die Hände in die Hosentaschen zu stecken. Diese Körperhaltung wird jedoch vielfach als allzu leger erachtet und in manchen Kulturkreisen gilt sie als unhöflich. Das Vergraben der Hände in den Hosentaschen wird oft fälschlicherweise als Zeichen dafür interpretiert, dass die betreffende Person etwas verbergen möchte.

304. Massieren der Faust – Wer eine Hand zur Faust ballt und diese mit der anderen massiert, bedient sich eines der Selbstbeherrschung und der Beruhigung dienenden Verhaltens. Wenn wir es beobachten, können wir davon ausgehen, dass die betreffende Person besorgt ist oder mit sich selbst ringt und unter großer innerer Anspannung steht. Da dieses Verhalten typisch ist für Situationen, in denen viel Geld auf dem Spiel steht, wird es oft von Pokerspielern und Börsenmaklern gezeigt.

305. Geballte Faust bei einer Rede – Einen Redner eine Hand zur Faust ballen zu sehen, um einen Aspekt unmissverständlich klarzumachen, ist nicht weiter ungewöhnlich – vor allem, wenn es sich um einen temperamentvollen, enthusiastischen Sprecher handelt. Bemerkenswert ist vielmehr, wenn jemand eine Hand zur Faust ballt, während er darauf wartet, sich äußern zu dürfen. Dieses Verhalten deutet auf angestaute Anspannung, unterdrückte Impulse oder die Vorbereitung auf eine physische Reaktion hin. Es heißt, dass Theodore Roosevelt, der äußerst unternehmungs- und abenteuerlustig war, stets mit geballten Fäusten in Konferenzen saß – als wollte er seinen Tatendrang eindämmen.

306. Über die Handinnenfläche streichen – Das Verhalten, mit den Fingerspitzen über die Handinnenfläche zu streichen, zählt zu den Beruhigungsgesten. Wird die Bewegung wiederholt oder mit wachsendem Druck ausgeführt, ist von einer großen inneren Anspannung oder starker Besorgnis auszugehen. Das Berühren der Handinnenfläche kann mit den Fingern derselben oder der anderen Hand erfolgen.

307. Finger aneinanderreiben – Stress, Bangnis, Furcht oder Sorge veranlassen manche Menschen dazu, sich selbst zu beruhigen, indem sie die ausgetreckten Finger ihrer Hände ineinanderlegen und diese aneinanderreiben. Die verschränkten Finger bieten eine größere Oberfläche für die taktilen Reize, die durch das Hin-und-her-Bewegen der Hände zum Abbau von Anspannung erzeugt werden. Dieses Verhalten weist äußerst zuverlässig auf einen ausgeprägten inneren Konflikt und ein großes Ausmaß an Stress hin. Es tritt üblicherweise nur in äußerst problematischen Situationen auf. In weniger angespanntem Zustand neigen wir dazu, zum Stressabbau die Hände zu ringen oder die Handflächen aneinanderzureiben, ohne die Finger dabei zu verschränken. Dieses Verhalten zeichnet sich dadurch aus, dass die verschränkten Finger kerzengerade ausgestreckt sind.

308. Verschränkte Finger und nach oben oder unten weisende Handflächen – Bei diesen Gesten handelt es sich um intensivierte Formen des Verschränkens der Finger zum Abbau von Stress. Werden die Handinnenflächen nach oben gedreht, die Finger verschränkt und die Hände Richtung Gesicht gezogen, entsteht ein merkwürdig aussehendes Dreieck mit nach unten weisenden Ellenbogen und nach oben gewölbten Handflächen. Bei der zweiten Variante werden die Hände auf Höhe der Leiste gehalten, die Finger verschränkt und die nach unten weisenden Handinnenflächen Richtung Boden gewölbt, als würde man mit den Fingern knacken. Das Anspannen der Muskeln, das Strecken der Gelenke und das Dehnen der Sehnen in Armen und Händen dient dem Abbau von innerer Anspannung. Ich habe dieses Verhalten einmal bei einem jungen Mann beobachtet, der mit dem Auto seiner Eltern einen Unfall verursacht hatte und neben dem beschädigten Wagen auf das Eintreffen seiner Mutter wartete.

309. Fingerknacken – Alle Varianten, die Fingergelenke knacken zu lassen, stellen Beruhigungsgesten dar. Manche Menschen bedienen sich dieses Verhaltens, um Langeweile, Anspannung und Nervosität zu reduzieren. Sie lassen entweder die Gelenke der einzelnen Finger nacheinander oder alle Fingergelenke gleichzeitig knacken. Je größer das Stressempfinden ist, umso häufiger wird dieses Verhalten angewandt.

310. Fingerknacken mit verschränkten Fingern – Bei dieser Variante werden die Finger verschränkt, die Daumen nach unten gerichtet und die Arme nach vorn gestreckt, bis die Fingergelenke knacken. Wie alle Verhaltensweisen, die eine Verrenkung der Gliedmaßen beinhalten, zeigt auch diese ein hohes Maß an seelischem Unbehagen, Stress oder innerer Unruhe an. Sie sorgt auf zweierlei Weise für Beruhigung: durch das Verschränken der Finger und durch das Fingerknacken. Männer bedienen sich dieser Geste häufiger als Frauen.

311. Mit den Händen auf die Beine klopfen – Bei manchen Menschen äußern sich Ungeduld und wachsende Verärgerung darin, dass sie mit den Handinnenflächen seitlich gegen die Oberschenkel schlagen (meist in der Nähe der

Hosentaschen). Ich beobachte dieses Verhalten immer wieder bei Hotelgästen, die vor der Rezeption auf die Gelegenheit zum Einchecken warten. Die durch die repetitive Bewegung ausgeübten Reize sorgen für Ablenkung und Beruhigung.

312. **Aufhübschen** – Wir hübschen uns nicht nur auf, bevor wir das Haus verlassen, sondern korrigieren immer wieder unser Erscheinungsbild: Wir rücken den Krawattenknoten zurecht, schieben den Armreif nach unten, streichen eine Falte im Oberhemd glatt, schieben eine Haarsträhne aus dem Gesicht, ziehen Lippenstift nach oder glätten unsere Augenbrauen. Wir bedienen uns dieser Verhaltensweisen in Situationen, in denen wir uns möglichst vorteilhaft präsentieren wollen. Weitverbreitet sind Gesten zur Korrektur der Frisur in Gegenwart eines Menschen, an dem ein romantisches Interesse besteht. Allein durch das wiederholte Streichen durchs Haar lenkt man die Aufmerksamkeit dieser Person auf sich. Interessanterweise werden bei Gericht Anwälte, die den Sitz ihrer Robe korrigieren, während die Geschworenen den Saal betreten, von diesen als sympathisch eingestuft.

313. **Aufhübschen als Zeichen von Geringschätzigkeit** – Die Beschäftigung mit dem eigenen Erscheinungsbild kann – konträr zur unter Nr. 312 beschriebenen Wirkung – auch dem Ausdruck von Geringschätzigkeit und Respektlosigkeit dienen. Wer sich eine Fluse oder ein Haar vom Kragen streicht oder die Fingernägel säubert, während er von jemandem angesprochen wird, handelt im besten Fall gedankenlos. Im schlimmsten Fall signalisiert er Verachtung.

314. Hand auf den Oberschenkel stützen – Beim Sitzen eine Hand auf den Oberschenkel zu legen und den Ellenbogen nach außen weisen zu lassen, zeigt ein hohes Maß an Selbstsicherheit an. Wird diese Haltung während eines Gesprächs wiederholt eingenommen und wieder aufgegeben, kann sie als Gradmesser für die wechselnde Intensität an Selbstvertrauen dienen. Mit dieser Körperhaltung wird die Beanspruchung eines Territoriums signalisiert.

315. Mit den Fingernägeln gegen den Daumen schnipsen – Wenn sie nervös, aufgewühlt oder gestresst sind, krümmen viele Menschen die Finger einer Hand und schnipsen mit den Nägeln gegen den Daumen. Das Schnipsen kann mit einem oder mit mehreren Fingern erfolgen. Die Geste dient der eigenen Beruhigung, auf Umstehende kann das Geräusch störend wirken.

316. Händeschütteln – Im westlichen Kulturkreis ist Händeschütteln die bevorzugte Form der Begrüßung. Sie gilt im privaten wie im beruflichen Kontext als angemessen. Dem Händedruck kommt große Bedeutung zu, da er oftmals die erste Form des Körperkontakts mit einer bislang unbekannten Person darstellt und somit einen wichtigen Eindruck hinterlässt. Ein unangenehmer Handschlag, der zum Beispiel mit zu viel oder zu wenig Druck oder mit feuchten Händen ausgeführt wird, löst eine negative Empfindung aus, die lange im Gedächtnis bleibt und unter Umständen Widerwillen schürt, diesem Menschen noch einmal die Hand zu geben. Händeschütteln zählt nicht zu den universellen Verhaltensweisen – in manchen Kulturkreisen werden eine Verneigung oder ein Wangenkuss zur Begrüßung als eher angebracht erachtet. Ein angenehmer

Handschlag beginnt mit dem Herstellen von Blickkontakt und – sofern angemessen – mit einem Lächeln, dann wird mit leicht angewinkeltem Arm die Hand ausgestreckt. Die Finger weisen dabei nach unten. Während des Handschlags sollte von beiden Parteien leichter Druck ausgeübt werden (es beeindruckt niemanden, wenn man den Anschein erweckt, mit der Hand Walnüsse zerquetschen zu können). Die Berührung veranlasst eine Ausschüttung des Hormons Oxytocin, das soziale Bindungen fördert. Nach etwa einer Sekunde sollten sich die Hände wieder voneinander lösen. Beim Händeschütteln mit älteren Menschen empfiehlt es sich, weniger Druck auszuüben. Außerdem ist es üblich, dass es höherrangigen Personen überlassen bleibt, Dauer und Intensität des Handschlags zu bestimmen.

317. Hochachtungsvolles Handreichen – In manchen Kulturkreisen, vor allem in Teilen Afrikas, ist es üblich, verehrte oder bedeutende Persönlichkeiten zu begrüßen, indem man ihnen die rechte Hand entgegenstreckt und dabei den rechten Arm auf dem angehobenen linken Unterarm abstützt. Die Hand wird gewissermaßen als wertvolles Geschenk präsentiert, in der Hoffnung, dass die hochrangige Person sie ergreift und dem Darbietenden damit Anerkennung erweist. Diese Geste mag Beobachtern aus dem westlichen Kulturkreis merkwürdig erscheinen, es ist jedoch wichtig, sie als Ausdruck von Hochachtung und großem Respekt anzuerkennen.

318. Namaste – Diese Geste dient in Indien traditionell zur Begrüßung. Die Innenseiten der Handflächen werden auf Brusthöhe aneinandergelegt. Die Fingerspitzen zeigen nach oben, die Ellenbogen weisen nach außen. Manchmal wird das Zusammenlegen der Hände von einer leichten Verbeugung oder einem Lächeln begleitet. Diese Geste ist hinsichtlich des Gebrauchs mit dem im westlichen Kulturkreis verbreiteten Händeschütteln vergleichbar und kann auch zur Verabschiedung dienen. Allerdings ist sie in höherem Maße Ausdruck von Ehrerbietung und sollte deshalb stets respektvoll aufgenommen werden.

319. Händchen halten – Das Bedürfnis, die Hand eines anderen zu halten, ist dem Menschen angeboren. Kinder sieht man schon ab einem sehr frühen Alter – zuerst mit den Eltern, dann mit den Spielgefährten – Händchen halten. In Liebesbeziehungen sind Häufigkeit und Intensität des Händchenhaltens (ob reines Ineinanderlegen der Hände oder die vertrautere, intimere Form mit verschränkten Fingern) oft Hinweis darauf, wie innig oder verbindlich die Partnerschaft ist. In manchen Ländern – zum Beispiel in Ägypten, Saudi-Arabien und Vietnam – sieht man oft auch heterosexuelle Männer Händchen haltend spazieren gehen.

320. Ringgeste – Diese Geste, bei der mit Daumen und Zeigefinger ein Ring gebildet wird, dient in manchen Ländern Rednern dazu, Inhalte, die ihnen wichtig sind, zu betonen. In Nordamerika wird diese Geste zusätzlich als »Okay«-Zeichen verwendet. In Deutschland, Österreich und der Schweiz dient sie dem Ausdruck von Lob und Anerkennung. In manchen Ländern, etwa in Frankreich und Spanien, wird diese Geste allerdings als obszön angesehen oder – zum Beispiel in Italien und Brasilien – gleich dem »Stinkefinger« als Beleidigung aufgefasst.

321. »Politikerdaumen« – Wenn Politiker eine Rede halten, strecken sie oft einen Arm nach oben oder in Richtung Publikum und drücken den Daumen gegen die Spitze des leicht gekrümmten Zeigefingers, während die Hand ansonsten die Form einer Faust bildet. Diese Geste dient ihnen dazu, wichtige Aspekte ihrer Ansprache zu betonen. Da diese Geste überwiegend in Nordamerika anzutreffen ist, ist sie teilweise kulturell bedingt. Bill und Hillary Clinton, Barack Obama und der kanadische Premierminister Justin Trudeau verwenden sie häufig zur Untermauerung ihrer Äußerungen.

322. Mit dem Ehering spielen – Wer mit seinem Ehering spielt, ihn am Finger dreht oder abnimmt und wieder ansteckt, bedient sich zum Zeitvertreib oder zum Abbau von Nervosität einer repetitiven Verhaltensweise. Das Spielen mit dem Ring wird oft fälschlicherweise als Zeichen einer unglücklichen Ehe gewertet, es stellt aber lediglich eine Beruhigungsgeste dar.

323. Gegenstände beiseiteschieben – Wenn jemand einer Person oder einer Sache negative Gefühle entgegenbringt, versucht er sich oft unbewusst von dem belastenden Thema zu distanzieren. Gäste in einem Restaurant, die gerade Diät halten oder alkoholische Getränke meiden, schieben zum Beispiel gelegentlich bei Tisch den Brotkorb beiseite oder bitten den Kellner darum, die Weingläser zu entfernen. Ich habe erlebt, dass Straftäter sich weigerten, ein Überwachungsbild in die Hand zu nehmen, oder das Foto auf die andere Seite des Tisches schoben, weil sie sich auf der Aufnahme erkannt hatten. Dieses Verhalten lohnt der Beachtung, da es die im jeweiligen Moment in einer Person vorherrschenden Gefühle und Gedanken unmittelbar zum Ausdruck bringt.

324. **Vermeiden von Berührungen mit der Handinnenfläche** – Wenn Eltern es konsequent vermeiden, ihr Kind mit der Handfläche zu berühren, ist dies ein Hinweis auf ein ernsthaftes Problem – auf Gleichgültigkeit gegenüber dem Kind oder auf eine psychologische Störung, die den Aufbau von Nähe verhindert. In Paarbeziehungen deutet es auf eine ernsthafte Krise hin, wenn die Partner es vorziehen, einander statt mit den Innenflächen der Hand mit den Fingerspitzen zu berühren (siehe Nr. 260).

325. **Unkontrollierte Bewegungen** – Es gibt Menschen, die plötzliche, fahrige, unkontrollierte Bewegungen mit ihren Händen und Armen ausführen. Die Bewegungen erscheinen in seltsamer Weise losgelöst vom restlichen Körper und der Umgebung, in der sich die betreffende Person befindet. Wenn wir einem solchen Menschen begegnen, sollten wir Verständnis für die Tatsache aufbringen, dass er vermutlich unter einer neurologischen Erkrankung leidet. Verständnis und Respekt ermöglichen es uns, wenn nötig Hilfestellung zu leisten und nicht in die Rolle eines Zuschauers zu verfallen, dem ein skurriles Spektakel präsentiert wird.

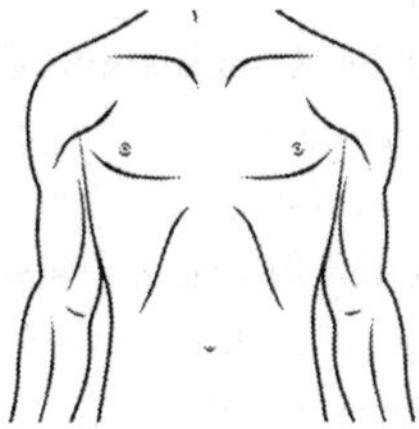

BRUST, BAUCH, GESAMTER RUMPF

Die Mehrzahl der lebenswichtigen Organe ist im Oberkörper angesiedelt, zum Beispiel das Herz und die Lungen. Hinsichtlich der Masse bildet der Rumpf den größten Teil des menschlichen Körpers. Wenn wir uns bedroht fühlen, streben wir meist zuerst danach, unseren Oberkörper zu schützen. Die Außenwirkung dieser Körperregion lässt sich mit einer Reklametafel vergleichen: Mit unserem Oberkörper liefern wir (auch mithilfe der Kleidung, die wir tragen) Hinweise auf unsere Persönlichkeit, unsere Zugehörigkeit zu gesellschaftlichen Gruppierungen und unseren Beruf. Unser Oberkörper verrät zudem, inwieweit wir über körperliche Fitness verfügen. Bei der Analyse von nonverbalen Signalen wird diese Köperregion oft vernachlässigt. Sie gibt jedoch viel über einen Menschen preis – von der Lebensform, die er für sich gewählt hat, bis hin zu seinen Gefühlen.

326. Schnelles Atmen mit Heben und Senken der Brust – Dieses Verhalten ist meist ein Zeichen von Stress, Besorgnis, Furcht oder Zorn. Die Interpretation ist jedoch kontextabhängig, da ein schnelles Atmen mit Heben und Senken der Brust auch altersbedingt sein kann. Viele weitere Ursachen sind ebenfalls möglich – zum Beispiel eine vorausgehende körperliche Betätigung, eine Angststörung oder sogar ein Herzinfarkt. Deshalb ist es wichtig, diesem Verhalten unbedingt Beachtung zu schenken und, wenn nötig, Hilfe zu leisten.

327. **Schnelles, flaches Atmen** – Eine flache, schnelle Atmung deutet meist auf Angst, manchmal sogar auf eine Panikattacke hin. Je flacher die Atmung ist, umso größer ist das Angstempfinden der betreffenden Person. Es empfiehlt sich, Hilfestellung zu leisten, indem man die Person dazu animiert, tief ein- und möglichst langsam wieder auszuatmen (das Ausatmen sollte drei bis fünf Sekunden andauern). Auf diese Weise normalisiert sich die Atemfrequenz.

328. **Finger an den Oberkörper pressen** – Unter Stress reduzieren manche Menschen die sich plötzlich aufbauende Anspannung, indem sie Daumen und Mittelfinger (manchmal auch alle Finger der Hand) in der Zwerchfellregion an ihren Oberkörper pressen. Der auf den Solarplexus – ein in diesem Bereich angesiedeltes Nervengeflecht – ausgeübte Druck scheint eine beruhigende Wirkung zu haben. Wie viel Kraft aufgewendet wird, richtet sich nach dem individuellen Bedürfnis. Dieses Verhalten lässt sich nicht selten bei Menschen beobachten, die eine schreckliche Nachricht erhalten haben.

329. **Massieren des Schlüsselbeins** – Das Verhalten, einen Arm vor den Oberkörper zu führen, um mit der Hand das Schlüsselbein auf der gegenüberliegenden Körperseite zu massieren, wird durch Stressempfinden ausgelöst. Der Brust und Bauch bedeckende Arm vermittelt ein Gefühl

von Schutz und Sicherheit, das wiederholte Berühren des Schlüsselbeins hat beruhigende Wirkung. Da das Schlüsselbein für taktile Reize äußerst empfänglich ist, wird es zu den erogenen Zonen gezählt.

330. **Massieren der Brust** – Wenn sich eine Person wiederholt mit dem Daumen und leicht gekrümmten Fingern – die Handhaltung gleicht einem Rechen – über die Brust streicht, ist dies ein verlässliches Zeichen für Unsicherheit, Besorgnis oder seelische Anspannung. Dieses Verhalten ist häufig Ausdruck von Angst – manchmal weist es sogar auf eine bevorstehende Panikattacke hin. Es zeichnet sich durch die Handhaltung aus. Statt mit der Handinnenfläche wird die Brust mit den Fingerspitzen massiert.

331. **Hand auf die Brust legen** – In vielen Kulturkreisen dient das Verhalten, bei der Begegnung mit anderen Menschen die Hand an die eigene Brust zu legen, als Signal des Wohlwollens. Diese Geste wird auch verwendet, um Aufrichtigkeit anzuzeigen. Da sie meiner Erfahrung nach jedoch sowohl bei Personen auftritt, die sich ehrlich äußern, als auch bei Menschen, die die Unwahrheit sagen, empfehle ich, sie als neutral einzustufen. Dieses Verhalten sollte nicht als Beweis für Aufrichtigkeit gelten, auch wenn es automatisch diese Assoziation bedient. Bei einer polizeilichen Befragung sollte einer Unschuldsbehauptung kein größerer Wahrheitswert zugemessen werden, nur weil die betreffende Person ihre Äußerung durch diese Geste untermauert. Während meiner beruflichen Tätigkeit habe ich folgende Tendenz beobachtet: Menschen, die die Wahrheit sagen, neigen dazu, die flache Hand mit gespreizten Fingern relativ kraftvoll gegen die eigene Brust zu drü-

cken. Personen, die die Absicht haben, ihr Gegenüber zu täuschen, berühren ihre Brust oft nur mit den Fingerspitzen und üben dabei wenig Druck aus. Dennoch lässt dieses Verhalten nicht eindeutig auf eine Lüge schließen – ganz allgemein gibt es keine Geste, die ein Täuschungsmanöver zweifelsfrei entlarvt. Bei der Interpretation der Körpersprache lohnt es sich sehr wohl, auf das Auftreten und die Ausführung dieser Geste zu achten. Rückschlüsse auf die Aufrichtigkeit einer Person sind aber nur möglich, wenn man weitere nonverbale Signale in die Analyse einbezieht.

332. Zur Abkühlung an der Oberbekleidung zupfen – Wer sein Oberhemd oder ein anderes Kleidungsstück durch Ziehen vom Körper entfernt, folgt dem Bedürfnis, sich Abkühlung zu verschaffen. Ob der Hemdkragen einmalig für ein paar Sekunden vom Hals entfernt gehalten wird oder ob wiederholt daran gezogen wird – wie alle auf Kühlung abzielenden Verhaltensweisen dient auch diese dem Abbau von Stress. Sie ist ein zuverlässiges Indiz für seelische Anspannung. Selbstverständlich kann auch sommerliche Hitze den Wunsch nach Kühlung auslösen. Da Stress jedoch einen schnellen Anstieg der Körpertemperatur bedingt, lässt sich das Zupfen an der Oberbekleidung auch bei angenehmen Temperaturen beobachten – zum Beispiel bei Personen, die an einer schwierigen oder konfliktreichen Besprechung teilnehmen. Bei Kleider tragenden Frauen konzentriert sich diese Geste auf Ausschnitt und Taille. Bei polizeilichen Befragungen ist es aufschlussreich, wenn Personen an ihrer Kleidung zupfen, nachdem ihnen eine Frage gestellt wurde oder nachdem sie eine Frage beantwortet haben: Dieses Verhalten lässt darauf schließen, dass ihnen die Frage aller Wahrscheinlichkeit nach unangenehm war.

333. Mit dem Reißverschluss spielen – Nervosität und Anspannung veranlassen manche Menschen dazu, mit dem Reißverschluss ihrer Jacke zu spielen. Dieses Verhalten lässt sich oft bei Studenten beobachten, die beunruhigt einer Prüfung entgegensehen. Auch Pokerspieler, die ihre Geldreserven schwinden sehen, zeigen manchmal diese Geste. Das Spielen mit dem Reißverschluss zählt zu den Beruhigungsgesten und kann auch Ausdruck von Langeweile sein.

334. Weglehnen – Den Oberkörper von jemandem wegzulehnen, ist ein Verhalten, das der Distanzierung dient. Äußert sich eine neben uns sitzende Person in unangemessener Weise, wenden wir uns oft diskret von ihr ab. Dieses Verhalten lässt sich häufig in Talkshows beobachten. Meist ist uns nicht bewusst, dass wir unseren Oberkörper sehr weit von Menschen weglehnen, die wir als unangenehm empfinden.

335. Vom Tisch abrücken – Wenn wir unseren Stuhl zurückschieben und uns von den am Tisch sitzenden Personen weglehnen, verschaffen wir uns durch ein der Distanzierung dienendes Verhalten Raum, unseren Gedanken nachzugehen. Personen, die von den vorgetragenen Argumenten nicht vollständig überzeugt sind oder über einen Sachverhalt intensiver nachdenken möchten, ziehen sich oft ein kleines Stück zurück. Wenn sie bereit sind, sich wieder an der Diskussion zu beteiligen, richten sie ihren Oberkörper wieder auf. Das Abrücken vom Tisch ist aber nicht nur ein Signal, für gewisse Zeit ungestört nachdenken zu wollen. Manche Menschen bedienen sich dieses Verhaltens auch als Zeichen der Ablehnung: Sie rücken vom Tisch ab, wenn sie zu der Überzeugung gelangt sind, die in einer Diskussion vorgetragenen Standpunkte nicht zu unterstützen. Bei dieser Variante liefert der Gesichtsausruck nützliche Hinweise.

336. Nach vorn lehnen – Wenn wir zurückgelehnt auf einem Stuhl sitzen, richten wir unseren Körper oft in dem Moment auf, in dem wir bereit sind, zu verhandeln oder einen Kompromiss zu schließen. Indem wir uns nach vorn lehnen, signalisieren wir unsere Bereitschaft, in der zur Diskussion stehenden Sache voranzukommen. Wenn uns nur ein schmaler Tisch oder Schreibtisch von unserem Verhandlungspartner trennt, ist es wichtig, dass wir uns nicht zu weit nach vorn beugen, da diese Bewegung bedrohlich wirken kann. Wenn mehrere Personen als Team verhandeln, ist darauf zu achten, dass alle auf einer Seite des Tisches sitzen und dass keiner der Beteiligten die Bereitschaft, Zugeständnisse zu machen, durch sein Nach-vorn-Lehnen verrät, ehe der passende Zeitpunkt gekommen ist, diese Botschaft offiziell zu verkünden.

337. Abwenden – Da der Bauch zu den verwundbarsten Stellen unseres Körpers zählt, neigen wir dazu, ihn von Personen abzuwenden, die uns unsympathisch sind, die uns ein ungutes Gefühl vermitteln oder deren Äußerungen uns missfallen. Wenn wir jemanden begrüßen, an dem uns nichts liegt, zeigen wir vielleicht einen freundlichen Gesichtsausdruck, wenden aber unbewusst unseren Bauch von ihm ab. Im Grunde verweigern wir durch diese Bewegung unserem Gegenüber den Zugriff auf diese verletzlichste Region unseres Körpers. Auch unter Freunden ist das Abwenden als Reaktion auf eine als unangenehm empfundene Äußerung zu beobachten. Durch das Abwenden des Bauchs übermitteln wir die Botschaft: »Ich möchte dich nicht in meiner Nähe haben« oder »Mir gefällt nicht, was du sagst«.

338. **Zuwenden** – Wenn wir einen Menschen mögen, wenden wir ihm unsere verwundbarste Körperregion – unseren Bauch – zu. Dieses Verhalten lässt sich schon bei kleinen Kindern beobachten. Wir signalisieren durch diese Körperhaltung Interesse an einer Person und zeigen an, dass wir uns in ihrer Gegenwart wohlfühlen. Wenn wir neben einem Menschen zu sitzen kommen, der sich als sympathisch herausstellt, wenden wir ihm nach und nach auch unsere Brust und unsere Schultern zu. Das heißt: Wir signalisieren wachsendes Interesse, indem wir einer Person die Vorderseite unseres Köpers immer weiter zuwenden.

339. **Bedecken des Bauchs** – Wenn jemand plötzlich seinen Bauch mit einem Gegenstand – zum Beispiel mit seiner Geldbörse oder seiner Aktentasche – bedeckt, lässt dies auf Unsicherheit oder die Tatsache schließen, dass ihm das Gespräch unangenehm ist. Wenn sie sich angegriffen oder verletzlich fühlen, finden Menschen viele Wege, die verwundbarste Region ihres Körpers zu bedecken – mit einem Kissen (bei einem Streit mit dem Lebenspartner), indem sie ihr Haustier an sich drücken oder indem sie die Knie an den Bauch ziehen.

340. **Nachahmen der Körperhaltung (Spiegeln)** – In der Gegenwart von Menschen, die uns angenehm sind, neigen wir dazu, deren Körperhaltung nachzuahmen. Der Hirnforscher Paul D. MacLean prägte für dieses Verhalten den

Begriff »Isopraxis«. Wenn wir mit Freunden zusammenstehen, nehmen wir nach gewisser Zeit oft selbst die von ihnen gezeigte entspannte Haltung ein – für Beobachter ein deutliches Signal, dass wir uns wohlfühlen. Beim Flirten ist es nicht unüblich, dass sich eine Person nach vorn neigt und ihr Gegenüber diese Bewegung spiegelt, sofern er oder sie die Situation als angenehm empfindet. Das Spiegeln der Körperhaltung eines anderen signalisiert Einklang hinsichtlich der Stimmung, des Temperaments oder des Gesprächsthemas.

341. Erstarren – Es ist ein Zeichen starker innerer Anspannung, wenn jemand für längere Zeit regungslos auf einem Stuhl sitzt. Dieses auch als »Angststarre« bezeichnete Verhalten ist häufig in Verhören, Vernehmungen oder anderen mit Furcht behafteten Konstellationen zu beobachten. Die Angststarre setzt unwillkürlich ein. Sie ist typisch für Gefahrensituationen – bei unseren Vorfahren trat sie zum Beispiel bei der Begegnung mit einem Löwen auf. Es ist kein Zeichen, dass eine Person etwas zu verbergen sucht, wenn sie starr auf einem Stuhl sitzt. Erstarren ist vielmehr ein Hinweis auf seelisches Unbehagen.

342. Schleudersitzhaltung – Manche Personen, die eine Befragung als nervenaufreibend empfinden oder eines Vergehens beschuldigt werden, nehmen auf ihrem Stuhl eine Körperhaltung ein, als würden sie im nächsten Moment aus dem Schleudersitz eines Militärflugzeugs katapultiert werden. Das Umklammern der Armlehnen ist Teil dieser Haltung. Auch dieses Verhalten lässt sich der Angststarre zurechnen. Es ist Ausdruck von Furcht und großer seelischer Anspannung. Die angstvolle Körperhaltung ist so ausgeprägt, als würde das Leben der betreffenden Personen sprichwörtlich am seidenen Faden hängen.

343. **Wegrücken des Stuhls** – Das Wegrücken des Stuhls dient in Situationen der Distanzierung, in denen ein Weglehnen mit dem Oberkörper nicht ausreicht. Eine Person rutscht mit ihrem Stuhl immer weiter nach hinten oder zur Seite – offenbar in der Annahme, niemand würde dies bemerken. Ich habe dieses Verhalten während einer erbitterten Diskussion an der Universität in Extremform erlebt: Einer der Professoren landete letztendlich am anderen Ende des Raums. Er selbst vermittelte den Eindruck, als sei die gewählte Position völlig normal. Das Wegrücken des Stuhls ist eine vom Unterbewusstsein initiierte Reaktion zum Schutz unseres Bauchs als leicht verwundbarer Körperregion: Wir distanzieren uns angesichts einer Bedrohung. Auch Worte und Ideen können als Bedrohung wahrgenommen werden.

344. **Lässig gekrümmte Körperhaltung** – Diese Körperhaltung ist, abhängig von der jeweiligen Situation, Ausdruck von Entspannung oder Gleichgültigkeit. Sie ist dem »Perception Management« (Meinungssteuerung) zuzurechnen. Teenager nehmen diese Körperhaltung oft ihren Eltern gegenüber ein, um zu signalisieren, dass sie deren Äußerungen kein Interesse entgegenbringen. Im beruflichen Kontext gilt diese Körperhaltung als unangebracht.

345. **Gekrümmte Körperhaltung** – Manchmal ist zu beobachten, dass eine Person in sitzender oder stehender Position ihren Oberkörper nach vorn beugt, als hätte sie Bauchschmerzen. Üblicherweise werden die Arme dabei an den

Bauch gedrückt. Dieses Verhalten zeugt von einem Überhandnehmen negativer Gefühle. Es lässt sich in Krankenhäusern und an anderen Orten, an denen Menschen mit schlechten Nachrichten konfrontiert werden, beobachten.

346. Embryonalstellung – Extreme seelische Anspannung kann Menschen dazu veranlassen, die Embryonalstellung einzunehmen. Dieses Verhalten tritt zum Beispiel während eines heftigen Streits in einer Paarbeziehung auf: Nehmen bei einem der Partner die negativen Gefühle überhand, zieht er oder sie in sitzender Position die Knie an den Oberkörper heran und verharrt schweigend in der Embryonalstellung, um Stress abzubauen. In Situationen wie diesen wird oft alternativ der Bauch mit einem Kissen oder einem anderen Gegenstand bedeckt (siehe Nr. 339).

347. Kältegefühl – Stress kann auch bei warmen Außentemperaturen ein Kältegefühl verursachen. Diesem Empfinden liegt eine Reaktion des autonomen Nervensystems zugrunde: Wenn wir verängstigt sind oder uns bedroht fühlen, werden unsere Muskeln stärker durchblutet. Dazu wird der Haut Blut entzogen. Dieser Vorgang dient in Gefahrensituationen dazu, uns auf eine Flucht oder einen Kampf vorzubereiten.

348. Kleidung – Der Kleidung, die wir an unserem Oberkörper tragen, kommt große Bedeutung zu. Sie kann uns in bestimmten Situationen Vorteile verschaffen und ist in vielerlei Hinsicht ein nonverbales Signal. Oft spiegelt die Oberkleidung den sozialen Status einer Person wider. Die Marken und Farben, die wir tragen, beeinflussen die Art und Weise, in der wir von anderen wahrgenommen werden. Unsere Kleidung lässt uns unterwürfig oder dominant erscheinen und kann uns dazu verhelfen, die von uns angestrebte berufliche Stellung zu erreichen. Sie gibt Auskunft darüber, wo wir herkommen oder wo wir hinmöchten und macht unter Umständen die Probleme, unter denen wir leiden, erkennbar. Kultur- und Sozialforschungen schließen stets den Aspekt der Kleidung ein. Auch bei der Analyse der Körpersprache spielt die Kleidung eine große Rolle, da sie zahlreiche Informationen übermittelt.

349. **Bauch bedecken während der Schwangerschaft** – Wenn sie besorgt oder verunsichert sind, bedecken Frauen oft die als »Drosselgrube« bezeichnete Vertiefung im vorderen Halsbereich. Bei Schwangeren ist jedoch häufig zu beobachten, dass sie den Arm anheben, als wollten sie die Hand zum Hals führen, dann jedoch in einer schnellen Abwärtsbewegung die Hand auf dem Bauch platzieren. Diese Bewegung erweckt den Anschein, als wollten sie ihr Baby schützen.

350. **Den Bauch streicheln** – Während der Schwangerschaft streichen Frauen oft wiederholt mit der Hand über ihren Bauch. Dieses Verhalten dient der Reduktion seelischen Unbehagens, ist aber unbewusst auch durch den Wunsch, das Kind zu schützen, motiviert. Die durch die repetitive Bewegung ausgeübten Reize sorgen für Beruhigung. Manche Forscher gehen davon aus, dass diese Geste auch die Ausschüttung des soziale Bindungen fördernden Hormons Oxytocin unterstützt.

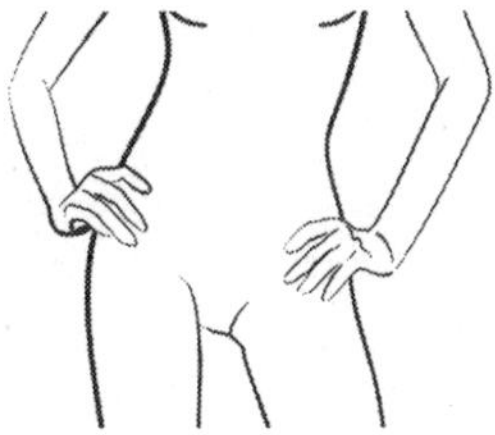

HÜFTEN, PO UND GENITALBEREICH

Bei der Analyse von nonverbalen Signalen darf die Körperregion zwischen Beinen und Bauch nicht außer Acht gelassen werden. Die anatomische Form der Hüfte ermöglicht dem Menschen den aufrechten Gang und verleiht ihm die Fähigkeit, auf zwei Beinen sehr schnell zu laufen. Unsere Hüften stehen aber auch in Zusammenhang mit Sinnlichkeit und Fortpflanzung. Wie der Verhaltensforscher Desmond Morris in seinem Buch *Körpersignale* betont, werden in allen Kulturkreisen der Welt Hüfte und Po als verlockende, verführerische Körperpartien erachtet. Die vor rund 35 000 Jahren angefertigte Venus vom Hohlefels – weltweit eine der ältesten Figurinen, die einen nackten, weiblichen Körper zeigen – ist durch eine besonders ausgeprägte Gestaltung der Hüften, des Pos und des Genitalbereichs gekennzeichnet. Die Tatsache, dass auf der ganzen Welt Figurinen ähnlicher Form gefunden wurden, bezeugt, dass der Mensch dieser Körperregion von jeher große Attraktivität zumisst. Mit unseren Hüften und unserem Po senden wir aber auch subtilere Signale.

351. Wackeln mit Hüfte und Po – Das Wackeln mit Hüfte und Po dient dem Abbau von Stress, der Bewältigung von

Langeweile oder der Entspannung nach langem Sitzen. Dieses Verhalten lässt sich während kontrovers geführter Debatten beobachten: Es sorgt entweder im Moment des Aufsteigens von Emotionen für Beruhigung oder unmittelbar im Anschluss für Entspannung. In Paarbeziehungen tritt es selten zu Beginn der Partnerschaft auf. Im Verlauf der Lebensgemeinschaft kann es aber darauf hindeuten, dass die Beziehung konfliktbehaftet ist.

352. **Hüfte reiben** – Wer mit seinen Händen seitlich über die Hüfte und den Oberschenkel reibt, bedient sich einer Beruhigungsgeste zum Abbau von Stress. Dieses Verhalten kann auch dazu dienen, vor Nervosität schweißnasse Hände zu trocknen. Vor Prüfungen lässt es sich oft bei Studenten beobachten. Auch manche Passagiere, die am Flughafen bei der Zollabfertigung in der Warteschlange stehen, zeigen dieses Verhalten.

353. **Schaukeln** – Dieses Verhalten tritt bei starker psychischer Belastung auf: In sitzender Position wird der Oberkörper bei gerader Hüfthaltung immer wieder vor und zurück geneigt. In Situationen, die extremen Stress auslösen – zum Beispiel nach dem Tod eines Angehörigen –, dient diese repetitive Verhaltensweise zur Beruhigung. Das Schaukeln lässt sich auch bei Menschen beobachten, die an tief greifenden Entwicklungsstörungen wie Autismus leiden.

354. **Hüftschwingen** – Bei Langeweile schwingen wir manchmal durch eine Verlagerung unseres Körpergewichts unsere Hüften hin und her, als würden wir ein Baby in den Schlaf wiegen. Durch das Schwingen werden die Flüssigkeit und die kleinen Härchen in unseren Innenohrschne-

cken bewegt. Dieser Vorgang übt eine äußerst beruhigende Wirkung auf uns aus. Das Hüftschwingen ist vom vorwärts und rückwärts erfolgenden Schaukeln zu unterscheiden (siehe Nr. 353).

355. Verlagerung des Beckens – Michelangelos *David* zeigt diese Körperhaltung in eindrucksvoller Form: Das Standbein ist in gerader Position, das andere Bein leicht angewinkelt. Durch die daraus resultierende Schieflage von Becken und Hüfte treten die Pobacken deutlich hervor. In der Bildhauerei wird diese Körperhaltung als »Kontrapost« bezeichnet. Männer wie Frauen präsentieren ihre Hüften, um die Aufmerksamkeit anderer auf sich zu ziehen. Deshalb lässt sich diese Körperhaltung beim Flirten häufig beobachten. In vielen Kulturkreisen werden die Hüften mit Jugend und Fruchtbarkeit assoziiert und deshalb vor allem in den Lebensjahren, die durch das Werben um einen Partner gekennzeichnet sind, häufig und deutlich präsentiert.

356. An den Genitalien spielen – Lehrer berichten immer wieder davon, dass sich Jungen – und manchmal auch Mädchen – in den Schritt fassen und durch die Kleidung hindurch an ihren Genitalien spielen. Dieses Verhalten ist ganz normal. In den Geschlechtsorganen laufen zahlreiche Nerven zusammen. Das Stimulieren der Nervenenden wirkt beruhigend und sorgt für ein angenehmes Gefühl. Da Kinder dieses Verhalten mit dem Heranwachsen ablegen, stellt es keinen Anlass zur Sorge dar.

357. In den Schritt fassen – Michael Jackson sorgte für Aufsehen, als er diese Geste zum ersten Mal beim Tanzen auf der Bühne zeigte. Mittlerweile gehört sie bei vielen

Künstlern zum Repertoire. Es gibt viele Theorien, warum manche Männer diese Geste zeigen – um Aufmerksamkeit zu erzielen, um ihre Männlichkeit zu betonen oder einfach nur, um unter der Hose für den richtigen Sitz zu sorgen. Auf Frauen kann es sehr verstörend wirken, wenn erwachsene Männer dieses Verhalten wiederholt oder in Räumen zeigen, in denen sich die einzelnen Personen in geringer Distanz zueinander aufhalten (zum Beispiel in einem Büro). In der Öffentlichkeit sollte man diese Geste auf jeden Fall unterlassen.

358. Hände um den Schritt legen – Diese Handhaltung ist aus Cowboy-Filmen bekannt: Die Daumen werden in die Hosentaschen gesteckt oder an den Gürtel gelegt, während die Finger den Genitalbereich umrahmen. Dieses Verhalten dient dazu, Aufmerksamkeit zu erregen und die eigene Männlichkeit zu betonen. Die üblicherweise nach außen weisenden Ellenbogen lassen den Mann größer und kräftiger erscheinen.

359. Schritt bedecken – Das Bedecken des Schritts mit aufeinandergelegten Händen lässt sich in bestimmten Situationen beobachten – bei Männern zum Beispiel in Aufzügen. Der Blick ist dabei meist starr auf die Tür oder auf das Bedienfeld gerichtet. Dieses Verhalten wird durch Beklommenheit in Situationen mit sozialem Kontakt ausgelöst oder durch das Gefühl, dass die persönliche Distanzzone nicht aufrechterhalten werden kann.

360. Breitbeiniges Sitzen – Die Angewohnheit von Männern, in öffentlichen Verkehrsmitteln mit gespreizter Beinhaltung zu sitzen, wird als »Manspreading« bezeichnet. Dieses Verhalten gilt als rücksichtslos, da es die Bewegungsfreiheit des Sitznachbarn einschränkt, und als anstößig, da es den Blick auf die Innenseite der Oberschenkel und den Genitalbereich freigibt.

DIE BEINE

Der Mensch zeichnet sich unter den Primaten durch den aufrechten Gang auf zwei Beinen aus. Tatsächlich ist jeder Mensch leicht x-beinig, denn nur aufgrund der dadurch erzeugten Position der Kniegelenke können wir laufen, rennen, spurten, Fußball spielen, schwimmen und Rad fahren. Wir nutzen unsere Beine zur Fortbewegung, zu unserem Schutz und um Dominanz zu etablieren. Kinder klammern sich Halt suchend an unsere Beine, wenn sie nervös oder schüchtern sind. Beine sind lang oder kurz, sehnig oder muskulös, zart oder kräftig. Bei der Analyse der Körpersprache eines Menschen werden sie oft vernachlässigt, obwohl sie vielfältige Signale senden – von Eleganz über Nervosität bis Freude. Da unsere Beine auch der Überlebenssicherung dienen – sie ermöglichen uns die Flucht –, zeigen sie oft in authentischer Weise an, welche Gefühle andere in uns auslösen.

361. Distanz herstellen – Der Anthropologe Edward T. Hall begründete den Begriff »Proxemik« für die Untersuchung des Raumverhaltens als Bereich der nonverbalen Kommunikation. Jeder Mensch hat eine persönliche Distanzzone – wenn uns andere zu nahe rücken, fühlen wir uns unwohl. Die Größe der Distanzzone ist kulturell und individuell verschieden. Edward T. Hall unterschied zwischen vier Distanzzonen, in denen Menschen (im US-amerikanischen Raum) unterschiedliche Entfernungen zu anderen Personen als angenehm empfinden: Die öffentliche Distanzzone setzt einen Abstand von vier bis acht Metern voraus. In der sozialen Distanzzone wird eine Nähe von einem bis vier Metern toleriert, für die persönliche Distanzzone gelten die Werte 50 Zentimeter bis ein Meter. Bei der intimen Distanzzone entscheiden wir sehr genau, welche Personen wir weniger als 30 Zentimeter an uns heranlassen. Diese Werte sind natürlich nur Richtlinien – wie viel Nähe als angenehm empfunden wird, ist nicht nur individuell verschieden, sondern auch von der räumlichen Umgebung und sogar von der Tageszeit abhängig. Bei einem nächtlichen Spaziergang kann es uns unangenehm sein, wenn eine uns unbekannte Person in einem Abstand von weniger als drei Metern neben uns läuft.

362. Breitbeinig dastehen – Durch die Position unserer Beine signalisieren wir die Beanspruchung eines Territoriums. Je weiter die Beine gespreizt sind, umso ausgeprägter ist das Territorialverhalten. Die Beinhaltung sagt viel über einen Menschen aus: Polizisten und Angehörige des Militärs beispielsweise neigen eher dazu, breitbeinig dazustehen, als Buchhalter und Ingenieure. Diese Körperhaltung signalisiert Selbstsicherheit und Selbstvertrauen.

363. Überschreiten der Distanzzone – Nicht selten dringt während eines heftigen Streits eine der beteiligten Personen bewusst in die Distanzzone der anderen ein: Sie macht mit gewölbter Brust einen Schritt nach vorn, bringt ihr

Gesicht ganz nahe an das ihres Streitpartners heran und starrt ihm in die Augen. Dieses der Einschüchterung dienende Verhalten geht oft einem tätlichen Angriff voraus.

364. Positionierung in Gesprächen – Die meisten Menschen bevorzugen es, im Gespräch mit anderen in leicht schrägem Winkel zueinander zu stehen. Kinder, die sich zum ersten Mal begegnen, nähern sich einander stets aus einem schrägen Winkel, da sie wissen, dass sie dann freundlicher aufgenommen werden. Meinen Beobachtungen nach bleiben Geschäftsleute länger im Gespräch, wenn sie sich nicht frontal gegenüberstehen. Wenn wir mit Menschen sprechen, zu denen wir ein angespanntes Verhältnis haben, sollten wir stets darauf achten, uns in leicht schrägem Winkel zu positionieren, da sich dadurch die negative Stimmung meist ein wenig reduziert.

365. Gang – Unsere Art zu laufen sagt viel über uns aus. Unser Gang kann aufreizend sein (man denke an Marilyn Monroe) oder Stärke und Entschlossenheit signalisieren (John Wayne bot gute Beispiele). Manchmal lässt sich unserem Gang entnehmen, dass wir etwas Wichtiges zu erledigen haben, manchmal lässt er erkennen, dass wir entspannt und in gelöster Stimmung sind. Dass wir unsere Art zu laufen auch nutzen können, um die Aufmerksamkeit einer anderen Person auf uns zu lenken, zeigte John Travolta in der Eingangsszene von *Saturday Night Fever*. Interesse an einem Menschen können wir aber auch dadurch signalisieren, indem wir häufig an ihm vorbeilaufen – in der Hoffnung, bemerkt zu werden oder zumindest einen Blick zu erhaschen.

366. Geschwindigkeit beim Laufen bestimmen – In einer Gruppe bestimmt stets das ranghöchste Mitglied die Geschwindigkeit, mit der man sich fortbewegt. Wir beschleunigen oder verlangsamen unsere Schritte im Einklang mit der Geschwindigkeit, die das älteste Gruppenmitglied oder eine Führungsperson für sich wählt. Auch Teenager zeigen dieses Verhalten: Sie orientieren sich beim Laufen an der Person, die innerhalb ihres sozialen Verbands den höchsten Stellenwert innehat. Das kann bedeuten, dass die wichtigste Person am Ende der Gruppe läuft, um ein langsames Tempo vorzugeben. Wenn man das soziale Gefüge einer Gruppe analysiert, ist es wichtig, sich vor Augen zu halten, dass nicht die Person, die voranschreitet, die höchste Stellung innehat, sondern derjenige, der die Geschwindigkeit bestimmt.

367. Beinhaltung beim Sitzen – Kulturelle Normen bestimmen, welche Beinhaltung beim Sitzen eingenommen wird. In Afrika ist es üblich, in die Hocke zu gehen, während man auf den Bus wartet – das heißt, man sitzt in tiefer Kniebeuge, während das Gewicht des Körpers auf den Füßen ruht. Wie Bilder von Gandhi am Webstuhl zeigen, wählt man in anderen Kulturkreisen bevorzugt den Schneidersitz. In vielen europäischen Ländern schlägt man im Sitzen oft die Beine übereinander. Diese Haltung zeichnet sich dadurch aus, dass die Fußsohlen zum Boden weisen. In den USA ist es nicht unüblich, beim Sitzen den Knöchel eines Fußes auf dem Oberschenkel des anderen Beins zu platzieren. Bei der Wahl der Beinhaltung beim Sitzen ist es wichtig, sich sowohl an kulturellen Gepflogenheiten als auch an dem vom Gastgeber gezeigten Verhalten zu orientieren.

368. Enge Beinhaltung beim Sitzen – Aus der Beinhaltung einer Person lässt sich häufig schließen, über wie viel Selbstsicherheit sie verfügt. Wenn jemand seine Sitzhaltung plötzlich ändert, indem er die Beine eng zusammenbringt, ist dies ein Zeichen für ein Gefühl der Unsicherheit. Die Beinhaltung, die wir beim Sitzen einnehmen, wird durch kulturelle Konventionen bestimmt. Bei manchen Menschen ist sie jedoch ein akkurates Spiegelbild ihres Gefühlszustands und Ausdruck ihres Selbstvertrauens. Bei der Analyse dieses Verhaltens ist jedoch zu berücksichtigen, dass es in bestimmten Situationen für Frauen als schicklich gilt, die Beine so zu positionieren, sodass sich die Knie berühren.

369. Gespreizte Beinhaltung beim Sitzen – Wenn jemand seine Sitzhaltung plötzlich ändert, indem er seine Beine voneinander entfernt, zeigt dies ein gesteigertes Maß an Wohlbefinden oder einen Zuwachs an Selbstsicherheit an. Diese universelle Verhaltensweise dient der Beanspruchung eines Territoriums – je weiter die Beine voneinander entfernt sind, umso mehr Raum nimmt die betreffende Person für sich in Anspruch. Männer bedienen sich dieses Verhaltens häufiger als Frauen.

370. Beine an den Fußgelenken verschränken – Diese Sitzhaltung wird vor allem bei offiziellen Anlässen eingenommen: Ein Bein wird hinter das andere geführt, der Fuß des vorderen Beins auf den Zehenspitzen aufgestützt, das Fußgelenk des hinteren Beins kommt auf dem des vorderen zu liegen. Ich achte vor allem auf Personen, die dieses Verhalten zeigen, während ein strittiger Sachverhalt diskutiert wird. In diesen Fällen ist das Verschränken der Beine an den Fußgelenken Ausdruck des Bemühens, sich zu beherrschen, oder Zeichen von Vorbehalt, Unentschlossenheit oder Unbehagen.

371. **Fußgelenke hinter die Stuhlbeine bringen** – Unsicherheit, Furcht oder Besorgnis veranlassen manche Menschen dazu, ihre Beine in einer schnellen Bewegung nach hinten zu führen und die Fußgelenke hinter den Stuhlbeinen festzuklemmen. Einige zeigen diese Sitzhaltung gewohnheitsmäßig. Tritt dieses Verhalten jedoch als unmittelbare Reaktion auf eine Frage oder während eines heiklen Gesprächsthemas auf, ist es ein starkes Indiz für einen inneren Konflikt. Es dient der Selbstbeherrschung, ist aber teilweise auch der Angststarre zuzurechnen.

372. **Zurücklehnen mit Händen auf den Knien** – Das Umklammern der Knie mit den Händen ist Ausdruck des Bemühens, die eigenen Gefühle unter Kontrolle zu bringen. Es lässt sich häufig bei Personen beobachten, die während eines Bewerbungsgesprächs Nervosität empfinden. Bei dieser Sitzhaltung stehen beide Beine auf dem Boden und die Hände liegen auf den Knien. Das Stressempfinden veranlasst die Person dazu, zusätzlich den Oberkörper steif zurückzulehnen.

373. **Nach vorn lehnen mit den Händen auf den Knien** – Wenn wir uns aus einer sitzenden Position heraus nach vorn lehnen und die Hände auf die Knie legen, signalisieren wir damit üblicherweise, dass wir uns bereit machen zu gehen. Häufig bringen wir zusätzlich unsere Beine in Startposition, indem wir einen Fuß nach vorn stellen. In geschäftlichen Besprechungen ist dieses Verhalten Vorge-

setzten vorbehalten – es gilt als ungehörig, den Wunsch zu gehen anzuzeigen, wenn höhergestellte Mitarbeiter zugegen sind.

374. Übereinandergeschlagene Beine als Barriere – Wenn jemand in sitzender Position eine Barriere bildet, indem er ein Bein so auf das andere legt, dass das Knie weit nach oben ragt, liegt der Schluss nahe, dass ein innerer Konflikt besteht. Unter Umständen hegt die betreffende Person Vorbehalte oder fühlt sich in der Gesellschaft der anderen nicht wohl. Dieses Verhalten ist im beruflichen wie im privaten Umfeld unmittelbarer Ausdruck der Gefühlslage. Diese Haltung wird oft exakt in dem Moment eingenommen, in dem ein unangenehmes Thema zur Sprache kommt.

375. Bein hochlegen – Wer ein Bein auf einen Tisch, einen Stuhl oder sogar auf den Schoß einer anderen Person legt, signalisiert unbewusst Selbstsicherheit und Überlegenheit. Dieses Verhalten dient der Beanspruchung eines Territoriums. Manche Vorgesetzte zeigen diese Verhaltensweise regelmäßig – während sie sich in ihrem Stuhl zurücklehnen, legen sie ein Bein auf die Sitzfläche eines anderen Stuhls.

376. Reiben des Oberschenkels – Bei starker innerer Anspannung bedienen sich manche Menschen einer Beruhigungsgeste, indem sie den *Musculus quadriceps femoris* – den großen Muskel auf der Vorderseite der Oberschenkel – durch Reiben stimulieren. Dieses Verhalten bleibt häufig unbemerkt, da die Bewegung meist dann ausgeführt wird, wenn man an einem Tisch sitzt und der Blick auf die Beine somit verdeckt ist.

377. Reiben des Knies – Stress oder Vorfreude auf ein bevorstehendes Ereignis veranlassen Menschen oft dazu, sich mit der Hand wiederholt über das Knie zu streichen. Wie die meisten repetitiven Verhaltensweisen dient auch diese der Beruhigung – in diesem Fall lindert sie Aufregung und Anspannung.

378. Am Fußknöchel kratzen – Das Kratzen am Fußknöchel dient dem Abbau von Stress und der Kühlung der Haut. Es ist Zeichen starker innerer Anspannung und tritt häufig in Situationen auf, in denen viel auf dem Spiel steht. Es ist bei Pokerspielern zu beobachten, wenn die Summe der Gewinneinsätze sehr hoch ist, oder bei Tatverdächtigen, die in einem Verhör eine verfängliche Frage gestellt bekommen.

379. Knie beugen – Aus dem aufrechten Stand heraus werden die Knie schnell nach vorn gebracht. Eine Person, die dieses Verhalten zeigt, sinkt oft merklich herab und kehrt denn schnell wieder in die Ausgangsposition zurück. Dieses Verhalten ist typisch für kleine Kinder, die kurz vor einem Wutanfall stehen. Ich habe es aber auch schon bei erwachsenen Männern gesehen, denen am Schalter einer Mietwagenfirma mitgeteilt wurde, dass der von ihnen gebuchte Wagen nicht verfügbar ist.

380. Mit den Füßen scharren – Bei Kindern kann man oft beobachten, dass sie durch Hin-und-her-Bewegen eines Beins den Fuß über den Boden schleifen lassen, während sie auf jemanden warten oder sich mit jemandem unterhalten. Diese repetitive Verhaltensweise dient der Beruhigung oder dem Zeitvertreib und wird gelegentlich auch von Erwachsenen gezeigt, die die Ankunft einer Person erwarten. Da sie hilft, Scheu zu verbergen, ist sie auch bei schüchternen Menschen zu beobachten, die ein erstes Date haben.

381. Auf die Fußaußenkante wippen – Unruhe, Aufregung, Feindseligkeit oder Verärgerung veranlassen manche Menschen dazu, immer wieder aus dem geraden Stand heraus die Innenseite der Füße nach oben zu ziehen, um kurz auf der Außenkante zu stehen zu kommen. Dieses Verhalten ist deutlich wahrnehmbar, weil sich dabei der ganze Körper bewegt.

382. Knie zur Brust ziehen – Teenager zeigen diese Haltung oft: Sie ziehen die Knie zur Brust heran und halten die Beine mit den Armen fest. Dieses äußerst beruhigende Verhalten hilft ihnen zum Beispiel beim Musikhören, den Moment zu genießen, und unterstützt sie beim Verarbeiten von Emotionen. Ich habe auch Straftäter im Verhör diese Körperhaltung einnehmen sehen – sie versuchten dadurch, Stress zu reduzieren.

383. Beine überkreuzen – Mit überkreuzten Beinen dazustehen ist typisch für Situationen, in denen wir allein sind oder uns in der Gegenwart von anderen wohlfühlen. In dem Moment, in dem eine Person Unbehagen in uns auslöst, bringen wir unsere Beine wieder in die normale Position, damit wir uns, sofern nötig, sofort distanzieren oder verteidigen können. Personen, die zunächst allein in einem Aufzug fahren, lösen sich sofort aus dieser Haltung, wenn andere die Kabine betreten.

384. Bein nach vorn kicken – Dieses Verhalten setzt eine Sitzposition mit übereinandergeschlagenen Beinen voraus. Zunächst ist ein Zittern des oben aufliegenden Beins zu beobachten (repetitive Verhaltensweise). Wird dann, nachdem der betreffenden Person eine Frage gestellt wurde, der obere Fuß in einer raschen Bewegung nach vorn gebracht und wieder zurückgezogen, ist dies ein Zeichen dafür, dass die Frage als äußerst unangenehm empfunden wurde. Sofern dieses Verhalten nicht regelmäßig gezeigt wird, dient es nicht der Beruhigung. Es erfüllt auf unterbewusster Ebene vielmehr die Funktion, etwas Unangenehmes mit einem Fußtritt wegbefördern zu wollen. Wenn dieses Verhalten als Reaktion auf eine Frage oder eine Äußerung auftritt, verweist es auf eine sehr negative Gefühlslage.

385. Hüpfen (Freude) – Diese Ausdrucksform, die sich entgegen der Schwerkraft äußert, wird durch positive Emotionen motiviert. Sie lässt sich überall auf der Welt beobachten. Auch Primaten hüpfen vor Freude, wenn sie merken, dass sie eine Leckerei erhalten werden. Da das limbische System – der für die Verarbeitung von Emotionen zuständige Teil unseres Gehirns – diese Reaktion automatisch einleitet, hüpfen bei Fußballspielen nach einem Tor alle Fans der Mannschaft gleichzeitig auf und ab, ohne durch einen Animateur zu dieser konzertierten Aktion aufgerufen worden zu sein.

386. Bewegungen aus Protest – Der Widerwillen, an einen bestimmten Ort zu gehen, wird manchmal durch Scharren mit den Füßen, durch Fußtritte in die Luft, durch Überkreuzen der Beine oder durch stocksteifes Verharren signalisiert. Dieses Verhalten ist meist bei Kindern zu beobachten, aber auch Erwachsene zeigen es – zum Beispiel wenn sie von der Polizei in Gewahrsam genommen werden. Ihre Beine kommunizieren eindeutig und unmissverständlich, welche Gefühle sie in diesem Moment hegen.

387. **Verlust des Gleichgewichts** – Der Verlust des Gleichgewichts kann körperliche Ursachen haben, zum Beispiel können ein zu niedriger Blutdruck oder ein zu schnelles Aufstehen dafür verantwortlich sein. Auch Alkohol- und Drogenkonsum kommen als Auslöser infrage. Wenn wir beobachten, dass jemand ins Straucheln gerät, sollten wir ihm sofort zu Hilfe eilen. Vor allem bei älteren Menschen können Stürze oft Knochenbrüche nach sich ziehen.

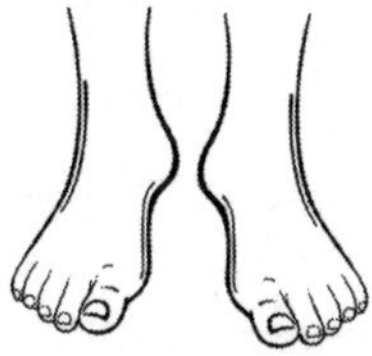

DIE FÜSSE

»*Der menschliche Fuß* ist ein Kunstwerk und technisches Meisterwerk«, verkündete Leonardo da Vinci, nachdem er jahrzehntelang durch das Obduzieren von Leichen den menschlichen Körper studiert hatte. Unsere im Vergleich zu anderen Körperteilen recht kleinen Füße tragen unser ganzes Gewicht. Tausende Nervenenden und Sensoren an den Fußsohlen lassen uns Bewegungen, Vibrationen, Hitze, Kälte und Feuchtigkeit spüren. Wir muten unseren Füßen viel zu: Wir zwängen sie in enge Schuhe und legen unzählige Kilometer auf ihnen zurück. Unsere Füße nehmen die leiseste Berührung wahr und doch können wir mit diesem sensiblen Körperteil beim Karate mit einem Tritt einen Ziegelstein zerbrechen. Unsere Füße erfüllen die ihnen zugedachten Funktionen vortrefflich: Sie halten uns im Gleichgewicht und ermöglichen uns das Laufen und Klettern. Unsere Füße erzählen aber auch von unseren Gefühlen, Absichten und Ängsten.

388. Verharren – Wenn wir beobachten, dass die Füße eines Menschen plötzlich stillstehen, können wir daraus schließen, dass er verunsichert oder beunruhigt ist. Das Verhalten, bei einem Gefühl der Bedrohung regungslos zu verharren, reicht weit in die Evolution des Menschen zurück: Unseren Vorfahren diente es dazu, von Raubtieren nach Möglichkeit nicht bemerkt zu werden.

389. Füße unter den Stuhl ziehen – In Vorstellungsgesprächen ist häufig zu beobachten, dass Bewerber auf eine von ihnen als heikel oder unangenehm empfundene Frage hin ihre Füße nach hinten ziehen, um sie unter dem Stuhl zu verstecken. Dieses Verhalten ist insofern auffällig, als es oft unmittelbar auf eine kritische Frage wie »Wurde Ihnen schon einmal von Arbeitgeberseite gekündigt?« folgt. Teenager zeigen es zuweilen, wenn sie von ihren Eltern gefragt werden, wo sie sich am Vorabend aufgehalten haben.

390. Füßeln – Wenn sich zwei Menschen sympathisch sind, platzieren sie ihre Füße in nahem Kontakt zueinander. Bei romantischem Interesse strecken sie ihre Füße unbewusst aus, bis sie die des (möglichen) Partners berühren. Deshalb füßeln viele Paare in den Anfangstagen ihrer Beziehung – sie berühren sich spielerisch mit ihren Füßen unter dem Tisch. Dieses Verhalten fördert die Bindung zwischen zwei Menschen. Durch das Berühren der Haut an den Füßen werden Signale an den Parietallappen gesendet – den Teil des Gehirns, der für die Verarbeitung von sensorischen Informationen zuständig ist. Über den Parietallappen nehmen wird auch Berührungen unserer Geschlechtsteile wahr.

391. Wippen – Das Wippen dient als repetitive Verhaltensweise der Beruhigung. Wir zeigen dieses Verhalten zum Beispiel wenn wir auf jemanden warten. Beim Wippen stellen wir uns immer wieder auf die Zehenspitzen und verlagern anschließend unser Gewicht zurück auf die Ferse. Da wir uns bei der Vorwärtsbewegung ein Stück weit vom Boden entfernen, zählt das Wippen in gewisser Hinsicht zu den Ausdrucksformen, die sich entgegen der Schwerkraft äußern. Es dient einerseits der Kompensation von Langeweile, andererseits kann man durch Wippen auch bekunden, dass man in einer sozialen Konstellation die Führungsrolle innehat.

392. Fuß Richtung Tür drehen – Indem wir unseren Fuß langsam Richtung Tür drehen oder unsere Fußspitze plötzlich zum Ausgang weisen lassen, signalisieren wir unserem Gesprächspartner, dass wir uns auf den Weg machen wollen. Diese Ausdrucksform ist den eine Absicht bekundenden Signalen zuzurechnen und besagt: »Ich muss jetzt gehen.« Es löst oft große Verärgerung aus, wenn dieses Signal ignoriert wird. Wir sollten uns deshalb stets bewusst sein, dass ein Drehen des Fußes meist darauf hindeutet, dass unser Gegenüber das Gespräch beenden will.

393. Beide Füße Richtung Tür drehen – Wir neigen dazu, unsere Füße von Personen, die uns unangenehm sind, abzuwenden und unsere Fußspitzen dabei sogar Richtung Tür weisen zu lassen. Bei Gerichtsverhandlungen habe ich häufig beobachtet, dass Geschworene beide Füße in Richtung der Tür des ihnen zur Beratung zugedachten Raumes drehten, sobald ein Zeuge oder ein Anwalt, dem sie abgeneigt waren, zu sprechen begann. Auf Partys kommt es nicht selten vor, dass zwei Personen ihre Füße voneinander abwenden, während sie sich höflich anlächeln. Durch die Bewegung der Füße geben sie preis, dass sie keine Sympathien füreinander hegen.

394. Einwärtsdrehung der Zehenspitzen – Diese Körperhaltung, bei der die Zehenspitzen nach innen gedreht sind und die Beine eine X-Form zeigen, ist Ausdruck von Unsicherheit, Schüchternheit, Introvertiertheit oder großer Verletzlichkeit. Sie ist meist bei Kindern, gelegentlich aber auch bei Erwachsenen zu beobachten.

395. Zehen aufrichten – Manchmal kann man beobachten, dass jemand während eines Gesprächs oder Telefonats die Zehen eines Fußes nach oben richtet, während die Ferse fest am Boden bleibt. Da sich diese Ausdrucksform entgegen der Schwerkraft äußert, liegt ihr in der Regel ein positives Gefühl zugrunde. Dieses Verhalten lässt sich auch beobachten, wenn sich gute Freunde begegnen und sich spontan in ein Gespräch vertiefen.

396. Fußsohle zeigen – In vielen Kulturkreisen, zum Beispiel im Nahen Osten, in Afrika und in Teilen Asiens, wird es als Affront aufgefasst, wenn jemand seine Fußsohlen oder die Sohlen seiner Schuhe zeigt. Bei einem Aufenthalt in diesen Regionen sollte man die richtige Sitzhaltung wählen – wer den Knöchel eines Fußes auf dem Oberschenkel des anderen Beins platziert, präsentiert seine Fußsohle. Es empfiehlt sich, beim Sitzen entweder beide Füße auf den Boden zu stellen oder die Beine so übereinanderzuschlagen, dass die Fußsohle des oben liegenden Beins Richtung Boden zeigt.

397. Mit den Füßen auf den Boden klopfen (Freude) – Glücksgefühle äußern sich häufig in einem lebhaften Bewegen der Füße. Kinder legen dieses Verhalten oft in auffälliger Weise an den Tag – zum Beispiel wenn sie von ihren Eltern einen Besuch in einem Freizeitpark in Aussicht gestellt bekommen. Auch Erwachsene bekunden auf diese Weise Freude – beispielsweise klopfen Pokerspieler oft unter dem Tisch mit den Füßen auf den Boden, wenn sie ein gutes Startblatt erhalten haben. Beobachter erkennen dieses Verhalten, auch wenn die Füße einer Person für sie nicht sichtbar sind, da das Klopfen oft ein Flattern der Kleidung bis zu den Schultern hinauf verursacht.

398. **Rhythmisch mit den Füßen auf den Boden klopfen** – Viele Menschen bedienen sich dieses Verhaltens, um Langeweile zu kompensieren, um dem Takt eines Musikstücks zu folgen oder – wie beim Klopfen mit den Fingern auf den Tisch – um wachsende Ungeduld zu signalisieren. Üblicherweise wird dabei nur ein Fuß eingesetzt und die Ferse bleibt fest auf dem Boden. Manchmal wird das Klopfen aber auch mit der Ferse durchgeführt.

399. **Mit den Zehen wackeln** – Wer mit den Zehen wackelt, ist aller Wahrscheinlichkeit nach in guter Stimmung, sieht ungeduldig und voller Vorfreude einem Ereignis entgegen oder ist von Begeisterung erfüllt. Das Stimulieren von Nerven durch das Bewegen der Zehen hilft, Langeweile zu kompensieren und Stress abzubauen. Ähnlich dem Klopfen mit den Füßen aus Freude ist das Wackeln mit den Zehen Ausdruck von Glücksgefühlen.

400. **Unruhige Bewegungen** – Eltern kennen dieses Verhalten gut: Kinder, die darauf brennen, vom Tisch aufzustehen und spielen zu gehen, zappeln oft mit den Füßen. Auch Erwachsene machen durch übertrieben häufige Fußbewegungen ihren Wunsch, den Raum zu verlassen, erkenn-

bar – selbst wenn es sich um einen Sitzungssaal voller Geschäftspartner handelt: Sie scharren mit den Füßen, bewegen sie hin und her, ziehen sie unter den Stuhl oder heben und senken immer wieder eine Ferse.

401. Nervöses Auf- und Abgehen – Unter Stress zeigen viele Menschen dieses Verhalten. Wie alle repetitiven Verhaltensweisen dient auch diese der Beruhigung.

402. Persönlichen Wünschen folgendes Laufen – Unsere Füße geben oft preis, dass wir einer Person oder einer Sache nahe sein möchten. Sie werden magisch von der Auslage eines Süßwarenladens oder von einem Menschen, an dem wir ein romantisches Interesse haben, angezogen. Manchmal wenden wir zwar in der Intention, uns zu verabschieden, unseren Oberkörper ab, doch unsere Füße bleiben an Ort und Stelle haften, weil wir die Gegenwart einer Person genießen.

403. Wutausbrüche – Kinder verleihen ihrem Zorn häufig durch heftiges Stampfen oder wildes Zappeln mit den Beinen Ausdruck. Auch bei Erwachsenen lässt sich dieses Verhalten gelegentlich beobachten. Ich habe einmal den Manager eines Unternehmens auf diese Art protestieren sehen, nachdem ihm wegen Überbuchung der Platz in einem Flugzeug verweigert wurde. Dieses Verhalten ist ein hervorragendes Beispiel dafür, dass wir auch mithilfe unserer Beine unseren Gefühlen Ausdruck verleihen. Da die Muskeln in unseren Oberschenkeln zu den kräftigsten unseres Körpers zählen, geschieht dies mit besonderer Vehemenz.

404. Auf den Boden stampfen – Nicht nur Kinder kommunizieren durch dieses Verhalten ihre Gefühle, auch Erwachsene stampfen mit den Füßen auf den Boden, wenn sie verärgert sind oder ihre Geduld erschöpft ist. Ich habe dieses Verhalten sowohl bei Männern als auch bei Frauen beobachtet, die nach ihrem Empfinden übermäßig lange in einer Warteschlange standen. Üblicherweise wird nur einmal mit dem Fuß auf den Boden gestampft, um sich Aufmerksamkeit zu verschaffen.

405. An den Socken zupfen – Da Stress einen schnellen Anstieg der Körpertemperatur bedingt, lässt sich häufig beobachten, dass dem unangenehmen Gefühl der Wärme an den Füßen und Unterschenkeln durch ein Zupfen an den Socken begegnet wird: Dem Bedürfnis folgend, im Bereich der Fußgelenke für Abkühlung zu sorgen, wird der Stoff – oft mehrmals – vom Körper weggezogen. Dieses oft unbemerkt bleibende Verhalten signalisiert ein hohes Maß an seelischem Unbehagen.

406. Mit dem Schuh wippen – Wenn sie sich in der Gegenwart anderer wohlfühlen, schlüpfen vor allem Frauen oft mit einem Fuß ein Stück weit aus ihrem Schuh und lassen diesen durch sachte Bewegungen auf dem Spann auf und ab wippen. Sobald das Gefühl des Wohlbehagens schwindet oder das Gespräch eine unangenehme Wendung nimmt, wird der Schuh wieder vollständig angezogen.

407. Unkontrollierte Bewegungen – Bei manchen Menschen äußert sich starke Erregung in rastlosen Bewegungen der Füße und Beine – zum Beispiel in einem schnellen, unruhigen Auf-und-ab-Laufen oder ausdauerndem Scharren.

Manchmal lässt sich dieses Verhalten auf einen konkreten Auslöser zurückführen: Es kann aus der Einnahme von starken Medikamenten oder Drogenkonsum resultieren oder als Schockreaktion nach einem tragischen Ereignis auftreten. Auch eine Panikattacke kann Auslöser sein. Gelegentlich ist bei den betroffenen Personen zusätzlich ein Zittern der Hände oder der Augenlider zu beobachten. Manchmal ballen sie die Hände zur Faust oder beißen sich auf die Lippen. Dieser Zustand signalisiert stets, dass die Person mit einem schwerwiegenden Problem ringt. Medizinische oder therapeutische Hilfe kann erforderlich sein. Personen, die ein so hohes Maß an Erregung zeigen, sind meist nicht in der Lage, klar zu denken oder sich durch verbale Äußerungen verständlich zu machen.

ZUSAMMENFASSUNG

Ich hoffe, Ihnen mit diesem Buch ein Werkzeug an die Hand gegeben zu haben, das Ihre Wahrnehmung schärft und Ihnen dabei hilft, andere Menschen besser zu verstehen, indem Sie ihre Körpersprache entschlüsseln. Die Lektüre dieses Buches war allerdings nur der erste Schritt. Nun erwartet Sie die noch spannendere Aufgabe, nach den beschriebenen Verhaltensweisen Ausschau zu halten und Ihr neu erworbenes Wissen zu testen. Indem Sie die Beobachtungen, die ich im Laufe der Jahre gesammelt und in diesem Buch geschildert habe, täglich immer wieder in Ihrem Alltag überprüfen, entwickeln auch Sie die Fähigkeit, nonverbale Signale zu decodieren. Je mehr Aufmerksamkeit Sie dem Verhalten anderer Menschen schenken und je öfter Sie Ihre Beobachtungen mit den Beschreibungen in diesem Buch vergleichen, umso schneller wird es Ihnen gelingen, nonverbale Signale zu verstehen, die den meisten nicht gewahr werden.

Wir alle sind täglich von Menschen umgeben. Indem wir uns auf andere einstellen, zeigen wir Wertschätzung. Eine Führungsposition zu bekleiden setzt voraus, andere verstehen und mit ihnen kommunizieren zu können. Diejenigen, die diesen

Anspruch erfüllen, kommunizieren auf zweierlei Weise: über die Sprache und über nonverbale Signale. Auch in unserer in zunehmendem Maße digitalisierten und entpersönlichten Welt spielt der zwischenmenschliche Kontakt eine entscheidende Rolle. Nur dadurch können wir ein gutes Verhältnis zu anderen aufbauen, Bindung schaffen, Vertrauen wecken, Verständnis entwickeln und Empathie zeigen. Technische Errungenschaften sind nützlich – sie haben mich beim Schreiben dieses Buches unterstützt. Wenn es darum geht, Freunde oder den richtigen Lebenspartner zu finden, haben sie jedoch ihre Grenzen. Die nonverbalen Signale, die wir senden und an anderen wahrnehmen, spielen dann eine bedeutendere Rolle.

Selbstverständlich ist es nicht möglich, alle Aspekte der Körpersprache in einem einzigen Buch zu beschreiben. Andere Autoren widmen sich anderen Facetten und tragen so – noch mehr, als ich es kann – zum Verständnis der nonverbalen Kommunikation bei. Vielleicht zählen eines Tages auch Sie zu diesen Autoren. Es ist stets mein Wunsch gewesen, mein Wissen und meine Erfahrungen mit anderen zu teilen. Mit diesem Buch meine Kenntnisse weiterzugeben bereitet mir große Freude. Ich hoffe, auch Sie werden andere an Ihren Fähigkeiten zur Entschlüsselung von nonverbalen Signalen teilhaben lassen. Ich habe es immer als äußerst bereichernd empfunden, die Hintergründe menschlichen Verhaltens verstehen zu lernen, und freue mich, wenn Sie meine Begeisterung teilen. Dieses Buch zu schreiben war äußerst spannend. Ich danke Ihnen, dass Sie ihm Ihr Interesse geschenkt haben.

DANK

Bevor ich ein Buch zu schreiben beginne, sind meine Gedanken stets in bewusster Anerkennung bei all den Menschen, die mich auf meinem Weg unterstützten – nicht nur beim Schreiben, sondern an allen Stationen meines Werdegangs. Vielen werde ich meinen Dank nie aussprechen können, denn ich habe den Namen des Lehrers, der mir eine wichtige Frage beantwortete, des Nachbarn, der mich zum Mittagessen einlud, oder des Ausbilders, der mir beibrachte, meinen Fokus nicht zu verlieren, längst vergessen. Doch auch wenn ich ihre Namen nicht mehr weiß, erinnere ich mich an ihre Freundlichkeit und Güte. Meine Gedanken sind auch bei den unzähligen Menschen – von Peking bis Bukarest –, die meine Bücher gekauft und meine Publikationen in den sozialen Medien gelesen haben. Ich danke diesen Menschen von Herzen.

Ashleigh Rose Dingwall danke ich für die Lektüre des Manuskripts und die wertvollen Anregungen. Den Mitarbeitern des FBI – vor allem in der Abteilung der Vorkontrolle von Veröffentlichungen – danke ich für ihre unermüdliche Unterstützung.

Im Verlag William Morrow sind vier meiner Bücher erschienen. Ich danke der Verlagsleiterin Liate Stehlik und dem wunderbaren Team, das auch bei diesem Buch tätig war: Ryan Curry, Bianca Flores, Lex Maudlin und der technischen Produktionschefin Julia Meltzer. Auch an meinen Lektor bei William Morrow, Nick Amphlett, der dieses Projekt initiiert und in jeder Phase kenntnisreich begleitet hat, geht mein herzlicher Dank – für die viele Zeit, die er mir gewidmet hat, für seine Ideen und für das Redigieren des Manuskripts. Ich danke ihm und seinen Kollegen dafür, dieses Buch ermöglicht zu haben.

Mein Dank richtet sich auch an meinen Freund und Literaturagenten Steve Ross, den Leiter der Literaturabteilung der Abrams Artist Agency. Steve ist ein Agent, wie ihn sich jeder Autor wünscht: Er hört aufmerksam zu, setzt sich intensiv mit Werk und Autor auseinander, erteilt unentbehrliche Anregungen und sorgt für eine effiziente Umsetzung des Projekts. Steve, du bist einzigartig. Ich danke dir dafür, dass du mir in jenen Momenten mit Rat und Tat zur Seite gestanden bist, in denen ich der Unterstützung am meisten bedurfte. Auch deinen Kollegen David Doerrer and Madison Dettlinger danke ich für ihre Unterstützung bei diesem und bei anderen Projekten.

Dieses Buch zu schreiben war mir nur dank meiner Familie möglich, die mich darin bestärkt hat, meiner Neugier zu folgen und meinem nicht allzu gängigen Interesse nachzugehen, und die mich stets in allen Belangen unterstützt hat. Meinen Eltern Marina und Albert danke ich für die Opfer, die sie um meinetwillen gebracht haben. Marianela und Terry, meine Schwestern, ihr könnt euch meiner Liebe gewiss sein. Stefanie, meine Tochter – du bist für mich der wunderbarste Mensch. Janice Hillary und meine Familie in London – ich werde euch für eure Unterstützung und euer Verständnis immer dankbar sein.

Ich danke meiner Frau Thryth, die mich bei all meinen Vorhaben unterstützt, vor allem aber in meiner Autorentätigkeit. Thryth – deine Liebenswürdigkeit verleiht mir Stärke und dank deiner Ermutigung versuche ich stets, mein Bestes zu geben. Ich bin ein besserer Mensch geworden, seit du in mein Leben getreten bist. Ich spüre deine Liebe jeden Tags aufs Neue durch die wichtigste Art, in der du sie mir zeigen kannst – durch das, was du tust.

BIBLIOGRAFIE

Alford, R. (1996): Adornment. In: D. Levinson und M. Ember (Hgg.), *Encyclopedia of Cultural Anthropology*. New York: Henry Holt.

Burgoon, J. K.; Buller, D. B. & Woodall, W. G. (1994): *Nonverbal communication. The unspoken dialogue*. Columbus, OH: Greyden Press.

Calero, H. H. (2005): *The power of nonverbal communication. How you act is more important than what you say*. Los Angeles: Silver Lake Publishers.

Carlson, N. R. (1986): *Physiology of behavior* (3. Aufl.). Boston: Allyn & Bacon.

Darwin, C. (1877, neu 2009): *Der Ausdruck der Gemüthsbewegungen bei dem Menschen und den Thieren*. Salzwasser Verlag.

Dimitrius, J. & Mazzarela, M. (1998): *Reading people. How to understand people and predict their behaviour – anytime, anyplace*. New York: Ballantine Books.

Ekman, P.; Friesen, W. Y. & Ellsworth, P. (1982): *Emotion in the human face. Guidelines for research and an integration of findings*. Hg. Paul Ekman. Cambridge, UK: Cambridge University Press.

Etcoff, N. (2001): *Nur die Schönsten überleben. Die Ästhetik des Menschen*. München: Diederichs.

Givens, D. G. (2005): *Love signals. A practical guide to the body language of courtship*. New York: St. Martin's Press.

ders. (1998–2007): *The nonverbal dictionary of gestures, signs & body language cues*. Spokane, WA: Center for Nonverbal Studies. Http://members.aol.com/nonverbal2/diction1.htm.

ders. (2010): *Your body at work. A guide to sight-reading the body language of business, bosses, and boardrooms.* New York: St. Martin's Press.

Hall, E. T. (1969): *The hidden dimension.* Garden City, NY: AnchorBooks.

ders. (1959): *The silent language.* New York: Doubleday.

Iacoboni, M. (2009): *Woher wir wissen, was andere denken und fühlen. Die neue Wissenschaft der Spiegelneuronen.* München: DVA.

Knapp, M. L. & Hall, J. A. (2002): *Nonverbal communication in human interaction* (5. Aufl.). New York: Harcourt Brace Jovanovich.

LaFrance, M. & Mayo, C. (1978): *Moving bodies. Nonverbal communications in social relationships.* Monterey, CA: Brooks/Cole.

LeDoux, J. E. (2001): *Das Netz der Gefühle. Wie Emotionen entstehen.* München: dtv.

Montagu, A. (2015): *Körperkontakt. Die Bedeutung der Haut für die Entwicklung des Menschen.* Klett-Cotta.

Morris, D. (1996): *Körpersignale. Bodywatching.* München: Heyne.

ders. (1995): *Bodytalk. Körpersprache, Gesten und Gebärden.* München: Heyne

ders. (1971): *Intimate behavior.* New York: Random House.

ders. (2001): *Manwatching. Reise zur Erforschung der Spezies Mensch.* München: Heyne.

ders. (2002): *Peoplewatching. A guide to body language.* London: Vintage Books.

Morris, D. et al. (1994): *Gestures.* New York: Scarborough Books.

Navarro, J. (2010): *Menschen lesen. Ein FBI-Agent erklärt, wie man Körpersprache entschlüsselt.* München: mvg.

ders. (2011): *Menschen verstehen und lenken. Ein FBI-Agent erklärt, wie man Körpersprache für den persönlichen Erfolg nutzt.* München: mvg.

ders. (2014): *Die Psychopathen unter uns. Ein FBI-Agent erklärt, wie Sie gefährliche Menschen im Alltag erkennen und sich vor ihnen schützen.* München: mvg.

ders. (2014): *Die Körpersprache des Datings. Ein FBI-Agent erklärt, wie Sie Zuneigung erkennen und beeinflussen.* München: mvg.

Panksepp, J. (1998): *Affective neuroscience. The foundations of human and animal emotions.* New York: Oxford University Press.

Ratey, J. J. (2006): *Das menschliche Gehirn. Eine Gebrauchsanweisung.* München: Piper.

REGISTER